儿童游戏译丛

————译丛主编／刘焱————

游戏的关键期

——0~3岁

Key times for play

The first three years

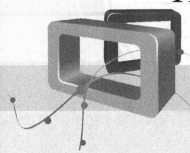

[英] 朱莉娅·曼尼-莫顿　玛吉·托尔普 ／著

刘峰峰　常　娟　赵志敏 ／译

陈　虹 ／校

版权声明

Julia Manning-Morton and Maggie Thorp
Key Times for Play：The First Three Years
ISBN：0-335-21198-4v
Copyright © Julia Manning-Morton and Maggie Thorp 2003，All rights reserved.
Simple Chinese translation edition copyright © 2010 by Beijing Normal University Press
(Group) Co. LTD. All rights reserved.
本书封面贴有 McGraw Hill 公司防伪标签，无标签者不得销售。
北京市版权局著作权合同登记号：01-2005-4792

图书在版编目(CIP)数据

游戏的关键期：0～3 岁/(英)曼尼-莫顿（Manning-Morton，J.），
(英)托尔普（Thorp，M）著；刘峰峰，常娟，赵志敏译．—北京：北
京师范大学出版社，2010.6(2025.1重印)
(儿童游戏译丛)
ISBN 978-7-303-11066-7

Ⅰ.①游… Ⅱ.①莫… ②托… ③刘… ④常… ⑤赵… Ⅲ.①游
戏—早期教育—研究 Ⅳ.①G613.7

中国版本图书馆 CIP 数据核字(2010)第 100702 号

图书意见反馈：gaozhifk@bnupg.com 010-58805079
营销中心电话：010-58802181 58805532
编辑部电话：010-58808898

出版发行：北京师范大学出版社 www. bnupg. com
　　　　　北京市西城区新街口外大街 12-3 号
　　　　　邮政编码：100088
印　　刷：北京虎彩文化传播有限公司
经　　销：全国新华书店
开　　本：730 mm×980 mm 1/16
印　　张：10.75
字　　数：128 千字
版　　次：2010 年 6 月第 1 版
印　　次：2025 年 1 月第 6 次印刷
定　　价：22.00 元

策划编辑：张丽娟　　　　　责任编辑：栾学东
美术编辑：焦　丽　　　　　装帧设计：焦　丽
责任校对：李　菡　　　　　责任印制：赵　龙

版权所有　　侵权必究
反盗版、侵权举报电话：010-58800697
北京读者服务部电话：010-58808104
外埠邮购电话：010-58808083
本书如有印装质量问题，请与印制管理部联系调换。
印制管理部电话：010-58800608

学前期是特殊的游戏期。游戏是学前儿童的基本活动。强调游戏对于儿童早期学习和发展的重要性，"游戏是幼儿的工作""让幼儿在游戏中学习"，早已成为放之四海而皆准的幼儿教育的重要原则或信条，长期以来对幼儿教育产生了广泛而深刻的影响，成为幼儿教育区别于中小学教育的一个显著标志。但是，近年来以早期教育名义出现的各种"提前开始"的学业和技能训练正在挤占幼儿游戏的时间及空间，压榨幼儿宝贵的童年时光。理论上、口头上重视游戏而实践上、行动上轻视和忽视游戏，已经成为一种在幼儿教育领域中普遍存在的"游戏困境"。虽然游戏被明文规定应当成为幼儿园的基本活动，但是在实践中，游戏却往往成为可以被随意从活动日程表中拿掉的"最不要紧的"活动。如何对待儿童的游戏、是否坚持幼儿园以游戏为基本活动，事实上已经成为近二十多年来幼儿园教育改革中的一个焦点问题。

"他山之石，可以攻玉"，阅读这套游戏译丛，我们不仅可以了解英国的早期教育研究者和实践工作者面对"游戏困境"所做的选择和坚持力行的教育信念，也可以进一步了解游戏的价值和重要性。

这套译丛由五本书构成：

珍妮特·莫伊蕾斯（Janet R. Moyles）编著的《仅仅是游戏吗——游戏在早期儿童教育中的作用与地位》讨论了游戏和学习的相互关系，从语言、问题解决和创造性三个重要的发展领域论述了游戏的价值以及成人（包括幼儿教师和父母）应当在幼儿的游戏中扮演的角色，并且具体讨论了幼儿教师组织与指导幼儿游戏的途径和方法有哪些、在游戏中如何观察和评价幼儿的学习与进步、儿童游戏和成人游戏有何区别等。本书在写作上的一个鲜明特点是注意利用鲜活的实例来说明游戏的价值和意义。例如，每一章首先呈现教育情境中的游戏实例，然后讨论分析蕴涵其中的明显的和潜在的学习，并就如何激发和维持儿童的学习提出建议。本书最后对儿童游戏与成人游戏的言简意赅的论断振聋发聩："儿童游戏是为了面对现实世界，而成人游戏则是为了逃避现实世界！"

由珍妮特·莫伊蕾斯主编的《游戏的卓越性》是一本论文集。该论文集邀请了多位英国著名的学前教育研究者、教育者讨论关于游戏理论和教育实践的关系。游戏的卓越性在于游戏的多样性和灵活性。不同的作者从不同的角度探讨了游戏的价值，为我们展现了一幅关于儿童游戏的教育意义的丰富多彩的画卷。通过阅读这些论文，我们既可以了解英国研究者和教育者对于游戏作为幼儿独特的学习方式和学前教育（包括课程与教学）以儿童为中心、以游戏为基础的文化认同及专业认同："就儿童个体而言，任何对游戏价值的怀疑都应当受到批判"；也可以通过书中给出的大量具体案例，了解怎样通过为幼儿创设适宜的游戏条件和适宜的指导干预，促进幼儿在读写、艺术、数学、科学等各个领域中的学习。同时，研究者也为教师鉴别、评价和监控他们在教室中创设的游戏环境的质量提供了一个比较完善的理论框架。每篇论文都可以作为一个相对独立的章节来阅读，但它们彼此之间在内容上又可以构成一个相互联系的整体。

《通过游戏来教——教师观念与课堂实践》是一份探讨幼儿教师的游戏观念和实践行为关系的研究报告。长久以来，西方幼教工作者深信自由游戏对于幼儿学习和发展的价值及意义，"观察与等待"被看做教师在幼儿游戏中应当扮演的角色。但是，以社会建构主义为理论基础的现代教育改革认为游戏不应当被看做一种自由的和完全无结构的活动，质疑自我发现的方法对于缺乏经验的年幼的学习者的作用，认为仅仅强调幼儿通过游戏学习是不够的，"通过游戏来教"正是一个完整的教育等式所缺失的另外一半，要求教师为幼儿提供"高质量的、有目的的游戏"和"有价值的活动"，强调为幼儿设计和提供以游戏为突出特征、学习内容广泛且平衡的课程的重要性。这不仅提出了关于"高质量的"学前教育的新的价值判断标准，也对传统的以儿童中心主义为理论基础的结构松散的学前教育环境和对幼儿游戏放任自流的态度提出了重大的挑战。如何通过游戏来教从而确保游戏能够被包含在课程框架之中，对于许多实践工作者来说，从理念到行动上都需要发生转变。尼尔·本内特（Neville Bennett）、利兹·伍德（Liz Wood）和休·罗格斯（Sue Rogers）认为要提高教室中游戏的质量，必须通过深入教室现场去研究教师关于游戏的观念（理论）和行动（实践）之间的关系以及影响教师观念转变为行动的中介因素。因为"当我们在争论游戏在学前教育课程中所处的地位时，实际并不了解教师到底在做些什么以及教师为什么要这么做。我们不清楚教师的理念如何影响到他们的实践，以及有些什么因素在作用于这些影响"。本书的第一章和第二章综述了关于游戏问题的各种观点和理论上的变化以及有关教师观念与行动方面的相关研究，提出了研究的目的和意义。第三章采用"概念图（concept map）"的方法描述了教师关于游戏的观念（理论），研究表明教师关于游戏的观念在"概念图"中可以用六个相互联系的关键领域表现出来，包括游戏的本质、学习和游戏的关系、教师的角色、课程的组织和计划、儿童学习的评价以及影响观念转变为行动的限制因素等。不同的教师对于这些问题的看法具有惊人的相似性。第四章分析了教师观念（理论）与行动（教育实践）之间的关系。第五章通过对三位教师深入的个案研究，进一步深入地说明了这些关系。这份研究报告不仅为试图尝试进行教师观念与行动关系研究的研究者提供了一个很好的范本，它所揭示的影响教师游戏观念转变为行动的结构性限制因素［例如，来自外部系统的期望的压力、支持的缺乏、各种规定（如时间表、国家课程）、空间和资源、班级规模等］对于我们理解教师、理解幼儿园游戏的现实也不无启发。

《游戏的关键期——0～3岁》详细讨论了游戏对于0～3岁幼儿身心全面发展的重要性以及如何通过游戏促进0～3岁幼儿在各个方面的学习和发展的具体方法。这本书的作者朱莉娅·曼尼-莫顿（Julia Manning-Morton）和玛吉·托尔普（Maggie Thorp）花了长达两年的时间对0～3岁幼儿的游戏进行了全方位的翔实而深入的研究，并且在此研究的基础上形成了在英国本土已经得到运用的"关键期：为3岁以下幼儿提供高质量的教育框架"的课程模式。本书正是作者试图将他们的研究成果和 0～3 岁幼儿游戏课程相结合的一部集大成的理论著述。本书全方位地论述了各种类型的游戏对于幼儿发展的重要性，深入探讨了游戏对于幼儿发展的作用。本书还在深入论述幼儿游戏的基础上介绍了许多可操作的支持幼儿深入游戏的方法，有助于读者将游戏的理论和游戏的实践更有机地相结合。可以说，本书既有来自学术界和研究者的理论观点，也有来自教师的实践智慧，信息量大、方法具体、可操作性强，对于父母、教师或者从事教师培训的人掌握游戏开发的有效策略不无裨益。

《我的游戏权利——有多种需要的儿童》的作者罗伯特·欧（Robert J. Orr）是一位特殊教育工作者，与有多种需要的儿童工作多年，在特殊教育领域有丰富的经验。作者以一个有特殊需要的儿童口吻来表达特殊儿童的需要和经历，用有特殊需要的儿童的眼睛来观察周围世界，帮助读者应用心理理论进入有多种需要的儿童的世界。正如原丛书主编所指出的那样，《我的游戏权利——有多种需要的儿童》"属于那种能深深吸引你的书，它会让你因沉浸在书的内容中，忘记下车而坐过了车站"。这本书以一种独特的方式帮助我们了解怎样关注和保障有多种需要的儿童游戏的权利，分享作者在特殊教育方面的经验和智慧。

"游戏绝非是'剩余时间'，也不是多余的活动……在非常关键的早期发展阶段进行的游戏对于今后所有的社会性活动的发生和成功是极为必要的。"但是，我国传统的"重读书、轻游戏"的文化生态和现实生活中重"功利"的教育价值取向，使得儿童的游戏往往不被重视、儿童游戏的权利往往得不到保障，儿童游戏研究至今仍然是一个薄弱的领域。

翻译这套丛书，不仅希望为学前教育专业的学生和幼教工作者提供有助于专业化发展的参考资料，也希望更多的人能够了解儿童游戏的重要性，激发大众对于儿童游戏的兴趣，了解在人的一生发展及学习中应当如何真正和有效地利用游戏。

刘 焱
2009 年 11 月 21 日

序 言

朱莉娅·曼尼-莫顿是伦敦城市大学学前教育研究所的一名高级讲师。在进入该大学工作之前,她曾经是伦敦坎登行政区的一名早期教育顾问,并曾专门做过0~3岁幼儿教育的自由培训师。

朱莉娅曾经是0~8岁儿童教育机构的管理者,拥有指导早期教育实践的丰富经验。1976年,她取得了NNEB(Nursery Nurse Examination Board,即0~8岁儿童健康和教育的两年课程的毕业证书——译者注)的资格,并于2000年获得了学前教育的硕士学位。在此期间她着重研究0~3岁幼儿的照料和教育工作。

玛吉·托尔普在2001年9月之前一直是坎登当地教育管理部门的早期教育顾问,她还是一位专门针对0~3岁幼儿教育的自由培训师和伦敦城市大学的访问讲师。她现就职于英国教育标准局(Ofsted)。

玛吉具有教育0~3岁幼儿和管理早期教育机构的丰富经验,这些经验很多已被推广至社区和当地政府的托儿所之中。1972年,她取得了NNEB的资格,并于1997年在教育学院继续攻读儿童发展方向的专业。

基于我们的专业背景以及个人的实践经验,本书写作的出发点如下:

● 必须倾听、尊重和重视所有的儿童;

● 良好的早期教育意味着要认真考虑儿童所关心的事情、兴趣和需要,并且提供各个方面的养育条件,对于儿童的保育和学习

Key times for play

给予同等的关注；

● 优先考虑为儿童的情感、个性和社会性发展创造良好条件，这意味着应该关注他们现在正在做什么，而不是我们认为他们将来应该做什么；

● 既然儿童的健康快乐与照料他们的成人密不可分，那么这些成人也应当得到倾听、尊重和重视；

● 让儿童健康快乐是整个社会的责任，而不仅仅是父母和照料者等人的私事。

朱莉娅和玛吉合作完成了《关键期：为3岁以下幼儿开发和提供高质量的教育》。本书同时也是朱莉娅和玛吉与伦敦坎登行政区早期教育机构中0～3岁幼儿的教师一起承担的为期两年的课题成果。本书既有来自于学术界和研究者的理论框架，同时也有来自于教师的实践智慧。许多在"关键期框架"所倡导的理念在本书中得以重现，并且我们希望本书也能够反映"框架"所倡导的理论与实践相结合的思想。

本书中使用的许多观察报告和案例，是作者和0～3岁幼儿的教师在"关键期框架"（2001）的研究中获得的，本书附带的视频资料也提供了一些相关信息。其他实例主要来自于作者在家庭和教育机构中对0～3岁幼儿游戏、成长和学习的观察研究。

致　谢

　　感谢所有参与我们研究的儿童、家长（照料者）和教师们，他们与我们一起工作了多年，他们的言谈话语和观点已经成为本书的一部分。

　　作为年轻教师，我们非常幸运地能与伊利诺·戈德凯米德（Elinor Goldschmied）共事，我们对她倡导的应当进行更多有益的实践这一主张深表赞同，并致以崇高的敬意，在她的启发和参与下，我们才能够建立并有效地应用目前这套方法体系。同时，我们还要感谢在不同时期所获得的来自蒂娜·布鲁斯（Tina Bruce）、玛吉·威尔利（Margy Whalley）和彼得·艾弗尔（Peter Elfer）对我们方法和观点的支持与鼓励。感谢坎登、英国教育标准局和伦敦城市大学的同人们对我们的支持与理解。

　　我们特别要感谢我们的合作伙伴当娜（Dona）和威尔福（Wilf），他们是支持我们敢于冒险应对这一挑战的坚强后盾。同时要感谢比莉——一位整日专注于电脑前的母亲——带给我们的快乐与宽容。

目　录

第一章 我们对于 0～3 岁幼儿及其游戏的新看法

环境的重要性

    这是一个繁忙的游戏小组，由 6 个月到 2 岁大的幼儿组成。其中，凯瑟琳坐在一把矮椅子上，拿着自己的瓶子喂伊迪。22 个月大的米兰尼坐在豆子袋上，周围是她从低矮的开放书架上所选的一些书，这些书是她曾仔细看过后又扔掉的书。汤姆（14 个月）走到凯瑟琳身旁，摇铃让她听，他们谈论着铃声。当伊迪吃完后，她和汉森（8 个月）坐在房间的一个有防护的角落，探究"百宝箱"里有什么不同的东西（Goldschmied & Jackson，1994）。汤姆和其他三个刚会走路的婴儿也跟随着马克斯走到大厅那里，这是为他们经常进行的启发式游戏准备的活动区域（Goldschmied & Jackson，1994）。米兰尼正在共享通道区域和几个来自邻近小组的学步儿一起活动，然后爬过透明的隧道进入了一个帐篷，并跟着这些年长的学步儿围绕着滑梯上上下下。她能够通过敞开的折叠门看到正专注地与伊迪和汉森坐在一起的凯瑟琳；然后，她到凯瑟琳旁边待了片刻，又回去和库茱一起跳小蹦床，这时温迪正在为他们演唱跳豆子的歌。

    一群 2～3 岁的幼儿正在隔壁房间里游戏，贝瑟尼正在娃娃家里，头戴一顶大圆锥形的帽子，用一个瓶盖从三个

1

浅盘中的一个里面舀出豆子放入一个金属碗中。黛比和三个幼儿一起坐在屋子中间，每人手拿一个盘子和一些工具，让水从他们的手指缝中往下滴，"噢，下毛毛雨了，又冷又湿"，黛比说着。坐在她腿上的幼儿也开始尝试用手指蘸盘子中的水玩。

在房间的另一边，米西卡将一些玩具汽车从架子上的沙盘里挪到了地板上的沙盘上，以便能够坐在沙盘中沿着他制造的轨道开玩具汽车。照料者玛里琳跟着米西卡，并为情绪不安的罗伯特解释米西卡正在做什么，希望他能够继续与她们一起玩，并且鼓励罗伯特去盘子旁边的容器里找到更多的玩具汽车。

三个幼儿正在试图把一架小的玩具飞机发射上天，"我们怎么才能让飞机飞起来呢，这样它们就不会撞到我们了？"科琳问。随后，他们一起发现了一些用薄纸片做的管子和几张卡片，他们一起把这些东西系到了飞机上。经过一整天，大多数的幼儿都加入到了这个活动中，他们绕着房间跑，让飞机在他们头顶上飞行。一些结束了滴水游戏的幼儿决定到户外去看雨。他们各自从门旁边的板条箱子里拿出靴子，穿上茄克衫，带上小雨伞，出去和玛西娅在水坑里溅起水玩。米西卡跟着他们，但在通往走廊矮积木区的平衡木板前就停住了。

（关键期录像，2001）

许多早期教育工作者也许还困惑于游戏对幼儿的作用，但我们从上述观察中可以感受到，0～3岁幼儿的游戏是如此丰富和适宜。我们的教师正努力进行着课程改革和实验，以期使课程能够符合针对较大儿童的基础阶段课程（QCA/DfEE，2000），具有明确的学习目标，同时继续提供高质量、年龄适宜性的游戏经验。这些努力中存在的困难目前已经被认识到，"关键期框架"（Manning-Morton

& Thorp，2001）以及"0~3岁的重要性"（Sure Start，2002）等地方和国家指导文件，都开始重视对0~3岁幼儿教师的支持。

这种认识必将受到赞同和欢迎，但是教师如何为0~3岁幼儿提供有效的游戏取决于以下几个方面：

● 教师对儿童发展知识以及历史、社会和文化发展背景的发展理论的了解；

● 教师对于不同游戏观点的理解；

● 以及这些观点对0~3岁幼儿的整体发展和一定社会文化背景下的特定的儿童教育的适用性；

● 教师对儿童的不断观察和父母对儿童个体的了解。

当教师拥有了广泛的儿童发展理论知识，对儿童个体发展有了深刻理解，他们就能提供具有吸引力的游戏体验，并理解儿童游戏的过程和内容。纵观历史和整个世界的发展，存在着许多对儿童和童年的不同认识。因此，对于早期教育工作者来说，了解儿童发展的历史、社会和文化背景同样重要，这能够使他们明确自身职业的价值。

历史上关于婴儿和学步儿的看法

婴儿看起来还根本不能被视为真正意义上的人。"婴儿"这个词的意思是"不能说话"，时至今日，这一点限制了对于婴儿能力的准确理解。过去几个世纪以来，婴儿曾被认为不具备思维和推理能力，甚至是没有意识的，这源于我们不能向婴儿提问或者记起我们自己的婴儿期。在这种观点影响下的一个极端的例子是直到最近还仍有一些人对新生儿实施无麻醉的手术（Gopnik et al.，1999）。

过去往往认为婴儿的经验是一种"发展中的、含糊不清的混乱"（William James in Gopink et al.，1999），婴儿完全无法理解感官信息的冲击。除此以外，婴儿还被看做是被强烈的情感需要所控制的、物质需要的集合体，即没有自我意识，对于他人也只有模糊的感知。在这种视角下，人们认为婴儿只对原始的身体和精神刺激有所反应，例如饥饿和恐惧，婴儿在学习过程中是被动的，被动地被他们周围的环境和成人所塑造。

过去的实践体现了上述观点，教师认为他们的角色仅仅与儿童的身体需要有关。因此，需要训练儿童的身体和情感需要，以免失控和导致儿童变得具有支配欲和要求过多。

尤其是学步儿，他们一直被认为是需要控制的，就好像他们是需要被驯服的野生动物。大量关于学步儿的描述都是与年长儿童相比较而言的，因而导致了人们对学步儿产生了许多负面的和错误的认识，这些观点认为学步儿不具有或者缺乏分享、等待等能力。

关于游戏的观点

在下述内容中我们将详细介绍游戏的不同观点以及与婴儿和学步儿的关联（参见 Bruner et al. ，1976；Moyles，1989；Saracho & Spodek，1998；Garvey，1990）。这些观点如下：

游戏作为发泄精力和锻炼肌肉的手段

这一观点通常运用于 0～3 岁那些以身体运动为主要经验的幼儿。但如果没有全面理解身体游戏的价值，就有可能低估了它，使得教师在"游戏"（四处跑动）与"学习"（静坐）之间做出错误的区分。

游戏作为未来生活的预演

我们经常看到，学步儿在游戏中会模仿年长的儿童和成人。如果教师仅仅把这种行为看做是复制，或许会压制此类游戏。原因很简单，教师认为这种游戏可能导致学步儿形成人们所不希望的性格。还有些教师可能认为，模仿是学步儿缺乏个人独特见解的表现。因此，将游戏看做是训练儿童形成未来生活必要技能的手段是颇为重要的。

游戏是内在冲突的显现

儿童在能说话以前，就在他们的游戏中表达着喜怒哀乐。有一种现象是非常危险的，即没有充分地了解幼儿的发展背景的那些教师，会对其观察到的现象做出不正确的解释。这就需要一个平衡，因为对于非常幼小的孩子来说，那些可能反映严重问题的信号或许被弱化了，甚至容易被忽略。因此，照料者连续并有规律地观察幼儿是十分重要的。

游戏是学习的一种方式

许多早期教育专家都曾撰写过文章，阐述儿童本身作为学习建构者的问题。皮亚杰和维果茨基的理论观点在早期教育工作者中被广为传播（Wood，1988）。然而，多数文章关注的是 3 岁以上的儿童。尽管有朱迪·顿（Judy Dunn，1988）等人的著作，但仅有认知与神经科学的最新研究成果，认为婴儿与学步儿同样也是主动的学习者。

0～3 岁幼儿的确是通过游戏在学习。他们学习关于自己、他人以及周围世界的知识。在这种观点看来，成人有时有必要干预幼儿的游戏，使游戏更具有教育性（Saracho & Spodek，1998）。虽然教师在 0～3 岁幼儿游戏中的作用是无可争议的，但是这种观点的缺陷在于：哪些游戏应被视为是有教育性的。这一概念被界定在过于狭窄的术语中，并且幼儿的游戏被掌控自己日程表的成人所占用，这可能会缩小幼儿体验的范围。只有当成人能够察觉到学习的发生，并认识到学习的成果是可以衡量出来的，该游戏才被视为是有价值的。当然，这对于一些技能的学习是比较容易的，例如命名颜色和计算，但对于另一些学习，成人确定起来可能就比较困难，例如，自信的态度或者对处于痛苦中的他人的移情（Katz，1988）。婴儿和学步儿随着年龄的增长，将有许多机会进行前者的学习，但是后者的学习也是在最初三年里开始打下基础的（Blakemore，1998；Siegal，1999）。

游戏著作之所以聚焦在 3 岁以上儿童的身上，部分原因在于：在英国，教育机构被人为地划分为"教育"（3 岁以上）和"照料"（3 岁以下），许多关于儿童游戏的研究发生在托幼机构和教室里，主要适用于 3~5 岁的幼儿。这也同样与我们对早期儿童发展的理解有关，例如，过于强调学步儿的自我中心化，即认为他们仅仅独自游戏或旁观他人游戏，不能参与合作的假想游戏（Parten，1932）。人们认为婴儿有可能参与到探究游戏中，但这仅仅被看做是为了获得物品的占有权，而不是围绕物品进行思考，以及随之会产生有意义的经验。总之，这导致了许多成人认为婴儿根本不能真正地进行游戏，而学步儿也不能恰当地进行游戏。

由于不合理的期望，导致托幼机构中产生了不应当出现的问题，如婴儿厌烦了婴儿室的环境、学步儿在婴儿室的环境里太受限制，或者为他们所提供的游戏过于复杂，致使成人与儿童都遇到了挫折。上述问题对学步儿产生了许多不良的影响，使他们变得以自我为中心、占有欲强、不爱合作、墨守成规、不可理喻，甚至乱咬、乱发脾气，最终成为过去的那些观点中所预言的那样。

当然，与年长的儿童和成人一样，婴儿和学步儿也能够在游戏中表现出这些特点：独立与依赖、主动与被动、理性与任性、移情与自私、慷慨与占有等几乎所有的两极状态之间的表现。

令人惊奇的是，我们需要注意婴儿期、童年期以及成年期之间具有的这种连续性。这也许是因为我们身处垂直的线性社会之中，这个社会由许多小而分散的家庭组成，我们倾向于如此独立地生活。儿童、少年、成人以及老人都倾向于拥有各自不同且相互独立的社会空间。然而，对于那些与儿童一起生活的成人来说，常常能够洞悉成人与儿童期状态或童年经验之间的联系。高普尼克等人（Gopnik et al.，1999）指出，妇女总是能了解儿童的复杂性及其所具备的能力。但是直到现在，妇女和母亲也能从事科学工作，成为科学工作者之后，这些认识才被赋予了科学性。

0~3 岁的重要性

当今，科学为人们提供的一个主要信息是：婴儿接受刺激和获得经验，能够使大脑建立越来越多的联系或网络。而人生最初的两三年是发展这种丰富而复杂联系的重要时期。因此，人生的这段时期被认为是学习的关键期。商业公司想通过生产特殊的单词、数字卡片，或者音乐磁带来促进儿童的学习，这并不是本书所倡导的方法。高普尼克等人（1999）强调指出，婴儿需要的不是额外的投入，而是每天与亲密成人和伙伴生活的经验。同样重要的是，儿童发展的大门不会在3岁时就关闭了。整个童年早期，大脑都是在不断地发展，并且在少年期还存在另一个意义重大的头脑活动大爆发（Carter，1999）。然而，心理分析学一直认为，而且神经科学也证明，儿童所有的早期经验不论被记住或遗忘，都将在相当程度上影响他们日后的发展（Eliot，1999；Siegel，1999）。由于0～3岁幼儿的发展迅速，以及环境对其未来发展的影响，他们所得到的服务质量、拥有的游戏机会以及最为重要的照料自己的能力，都被认为是至关重要的。

安妮·麦德（Anne Meade，1995）指出，"儿童是未来的使者"。同样地，成人则是过去的使者。但是，这并不会导致儿童和成人彼此分离，相反，会把他们联系在一起。当儿童在成人的伴随下长大之后，他们一起分享了生活和世界。儿童将成为护士或者医生，或者评定我们收益的税收监督人员，他们的温文尔雅、善解人意和公平正直的程度取决于成人与儿童的现存关系。

当今关于发展和游戏的观点

我们发现，在早期教育工作中根据贯穿生命的发展连续性以及儿童的重要特征来考虑问题是十分有益的。这样能够使我们将0～3岁幼儿看做是具有独特特征的个体，同时也是能与他人分享的个体。这里强调了0～3岁幼儿的游戏完整观。我们认为，高质量的游戏是基于儿童年龄特点和兴趣的游戏，而不是人为地划分到学习或发展范围内的游戏。这是伦敦坎登行政区3岁以下幼儿发展小组开发的"关键期：为3岁以下幼儿创设和提供高质量养育的课程框架"（Manning-Morton & Thorp，2001）中所倡导的理念。在这种理念的指导下，我们探索了与婴儿和学步儿的八个关键特征有关且行之有效的实践成果。

"0～3岁的重要性"（Sure Start，2002）还涉及"健壮的儿童""有效的交流者""健康的儿童"等内容，这反映了多年从事0～3岁幼儿教育工作的工作者的认识，即3～5岁幼儿的课程并不适合于3岁以下的幼儿。

生命最初三年的变化比任何阶段更迅速

随着有关婴儿和学步儿发展的知识的不断丰富，加深了我们对生命最初三年发展的理解，并认识到0～3岁年龄阶段发展的复杂与迅速。当我们与大脑的发育联系起来进行思考时，这一点得到进一步证实。脑细胞之间的联系，刚出生时是稀疏的，然后便以惊人的速度迅速发展，直到6岁达到最大密度（Carter，1999）。从出生之日起，婴儿就积极地寻求和运用刺激，使得以前未完成的联系得到加强和扩展。正是这些刺激与经历，使得他们的大脑能够建立起更多的联系，同时消除无用或不必要的联系，加强那些被不断重复的联系。婴儿所听到、看到、尝到、触到和嗅到的每件事物，以及婴儿的所有运动都会影响大脑建立联系的方式，丰富适宜的经验越多，神经细胞之间的基本联系就建立得越好。

移动者和行动者：大脑的发展和肌肉的成熟，导致婴儿迅速获得并发展其行动能力。在身体游戏的帮助下，婴儿在人生第一年里迅速地成长并获得肌肉力量，他们会非常迅速地从无法行动的婴儿变为不停地在跑、跳、爬的学步儿。

交流者：婴儿一出生就是交流者。他们通过一系列丰富的交流策略来保证自身需要得到满足。人生的第二年有一个语言爆炸期，但是学步儿的词汇仍然有限，这导致他们努力表达自己时会有挫折感。但是，当成人认识到婴幼儿从通过叫喊、注视以及身体运动来交流，迅速发展到能运用短句子时，他们会欣赏那些婴儿和学步儿

所能够做的，而不是他们还不会做的。如果教师善于观察他们的游戏，就能够熟练地解读这些非言语式的交流。

社会人：婴儿自出生之日起就对他人感兴趣。最初，婴儿与他们所依恋的人一起游戏时最自信。我们可以看到，新生儿的社会世界是如何迅速由家庭向外扩张到社区，由此又扩展友谊以及对自我与他人的理解的。在短短三年里，婴儿将由几乎完全自我中心过渡到自我控制和移情。

发现者和探索者：0～3 岁幼儿在不到三年的时间里，从对每件事物都感到新奇（这些事物有时令人激动，有时令人恐慌）发展到能理解原因与结果，并运用相应的符号。尽管学步儿正在迅速地通过游戏来学习，有时还能够表现出超出他们年龄特征的睿智，但运用知识去面对新情境，对他们来说仍是比较困难的，所以会表现出一种令人意外的理解力缺乏。他们需要学习关于什么是可接受的、什么是不可接受的社会理解力。

0～3 岁幼儿的迅速发展要求游戏要多样化，包括可重复的和新颖的游戏。这些游戏经验需要密切结合幼儿当前的技能、能力和兴趣，同时也需要有足够的挑战性。因此，游戏机会应由那些非常了解幼儿并能够经常观察幼儿的成人来创设和提供。

0～3 岁各个方面的发展是相互交织的

教师在进一步丰富对 0～3 岁幼儿发展知识的过程中，也加强了对发展各方面相互交织的理解。由此，教师也就能够有意识地设计灵活而开放的游戏经验，支持幼儿的整体发展。

当前，对大脑发展与功能研究的信息可以帮助我们了解大脑的生理发展不仅与儿童的认知、身体有关，而且也与其情感与社会性发展相关。例如，体验情感是通过大脑边缘系统的工作来实现的，而边缘系统是与大脑皮层的所有区域紧密联系在一起的，这就解释了为什么我们所有的思想都会受到情感的影响（Goleman，1996）。

儿童各个方面的发展都会受到身体发育的影响。活动及其灵巧程度将决定一个儿童所获得的体验。儿童看待事物的方式将会影响其他人对其做出的反应，从而影响他们的社会性与情感发展，及其自我概念（Bee，2000）。

儿童对照料者的依恋程度不但影响他们的情感发展，而且影响他们的认知发展。例如，一再的忽视或侮辱性的经验会对儿童造成高强度的痛苦，导致幼儿头脑中产生高水平的皮质醇。而高水平的皮质醇会破坏大脑细胞，并减弱它们之间的联系，从而降低幼儿的学习能力（Eliot，1999）。

与他人交往的能力会从三个方面影响儿童：实现自己需要的程度、交朋友的能力、为群体作贡献（与他人合作）的能力。而这些方面还会影响别人如何看待他们，特别是对他们智力的看法，这些都将影响儿童对自我的认知（Bee，2000）。

紧密交织在一起的儿童早期发展需要使得游戏经验能够被儿童以多种方式所运用。当教师设计游戏时，应该确保游戏的社会的、情感的方面同身体的、认知的和语言的方面一样都被认真考虑到，在考虑儿童可能获得的知识、技能的同时，还要考虑儿童正在发展的性格特征。

0～3 岁的幼儿依赖成人来满足他们的需要

婴儿的身体依赖，例如喂食和更换衣服，是与他们的情感依赖密切相关的。婴儿需要被抚慰、拥抱和保护，这反映了他们的脆弱以及他们最直接迫切的需求。婴儿的这种身体依赖需要教师要非常清楚自己应如何对待儿童。儿童的情感依赖需要一个非常了解他们的重要成人，这个人能对其需求给予及时和敏感的反应（Elfer et al.，2002；Manning-Morton & Thorp，2000，2001）。这种依赖性可能反映在有助于儿童获得独立性与依赖性经验的游戏和活动中，以及体现在照料儿童的常规工作中。因此，尽可能创造性地运用这些常规时间并将其视为游戏的机会是十分重要的。婴儿的身体依赖也意味着在第一年的大多数时间里需要我们把世界带给他们，也将他们带入世界。通常，一个用吊袋或背袋带着转来转去的婴儿与一个在围栏中的婴儿相比，前者能从不同角度看到事物，并且会遇到更多的人。

学步儿的活动能力意味着他们开始试图在身体和情感上取得独立。对需要成人的儿童来说，这既是激动人心的也是令人担惊受怕的，因为这不仅需要成人在探索中支持他们，同时又需要在遇到压力和挫折时抚慰他们。

0～3岁的幼儿在身体和情感上的依赖，意味着教师与幼儿之间的关系是所有游戏经验的中心特征。教师是否在幼儿身边将会影响幼儿在游戏中的信心，由于成人通常是幼儿的游戏伙伴，因此，教师要确保在所有时间段都能随时关注到幼儿。

0～3岁的幼儿正在建立一种自我意识

0～3岁的幼儿在与身边人的相互交往中发展着自我概念，而自我概念会影响他们的游戏方式，影响其与他人建立的关系、理解游戏中的他人、探索世界及未来的生活。

良好自我概念的建立，主要取决于那些与幼儿最亲近的人所能提供的支持和帮助。如果幼儿在托儿所遇到的是支持他们、希望他们成功、帮助他们渡过难关的教师，他们就会敢于去冒险，去尝试并且不害怕做错。他们将成长为具有社会能力的游戏者，富于自尊、自信的学习者，能够在游戏中彼此合作、互相欣赏。

神经学的科学家们也认为，1岁半到2岁半的幼儿，其大脑发育反映了某种人格特质（Blakemore，1998；Siegel，1999）。因此，既然最初三年是学习的关键期，那么情感安全和社会关系同样至关重要。填鸭式的智力发展模式更有可能导致幼儿形成消极的学习倾向，而不是在持续不断的认识中获得发展。

因此，游戏经验应该积极地反映和评价每个幼儿的身份和背景，并且以幼儿的社会关系为中心焦点。教师要在此基础上支持幼儿之间的交流互动。

创设高质量游戏环境的重要性

作为幼儿生活中的重要人物，成人认真思考游戏在婴儿和学步

Key times for play

儿生活中的重要性的原因是十分重要的。为做到这一点，成人首先要了解0~3岁幼儿各方面的发展情况和他们喜欢什么样的游戏经验，然后还要进一步思考，如何给婴幼儿提供适宜的、使他们真正能乐在其中的游戏环境。

0~3岁幼儿与重要人物的关系的质量，是实现高质量游戏的基石。他们需要能力强且富有责任心的教师做到以下几点：

● 对婴幼儿进行指导和支持；

● 能及时与幼儿的父母或照料者密切联系，分享他们与幼儿游戏的经验；

● 对幼儿自选游戏中情感、社会性、身体、交往以及认知的需要能够迅速做出良好的回应；

● 能够建立起与幼儿的良好互动关系，并提供身体和心理各方面的环境支持，为幼儿的游戏做适宜的准备。

本书在后面的章节中将会对以上每个方面做进一步深入系统的探究。由于婴儿和学步儿的学习是通过他们与成人、同伴和物体的游戏经验来实现的，而且他们不会把自己的一天划分为游戏时间和其他时间，因此为0~3岁幼儿设计游戏时，必须包括一天中的所有时间和课程的所有方面，而且还需要考虑教师的角色（Manning-Morton & Thorp，2001）。

创设高质量游戏环境的一个关键因素是：必须注意到方方面面的细小环节。如上所述，陈述意图起先似乎是明确的，但那仅仅是在讨论"密切工作……"或"良好反应……"等细节，是希望我们能够去体会制约游戏质量高低的关键性经验。我们怎样喂养一个婴儿，室内与户外之间的通道是怎样的或我们如何提供机会让幼儿玩面粉等细节，都将影响幼儿的游戏、发展和学习。

0~3岁幼儿游戏关键期的观点

上述及后面章节所探讨的观点可以归纳为以下几点：

● 0～3 岁幼儿高质量的游戏取决于教师对游戏与发展理论的理解，来自于教师对自身经验和价值的思考，来自于对幼儿个体的细致观察。

● 0～3 岁幼儿高质量的游戏发生于以下情境中：

—照料者与幼儿之间有着稳定的关系；

—父母与教师之间能分享照料经验；

—幼儿与教师之间高水平的交往，并得到教师的支持；

—制定常规时间表，并严格执行；

—结构良好、有准备的环境。

● 能关注幼儿的游戏表现及其细节，为 0～3 岁幼儿的发展提供更高质量的游戏活动。

本书强调了幼儿游戏中的个性、社会性以及情感几个方面，以及它们之间的相互联系。因为我们相信，这些方面是幼儿在其他领域获得发展的基础，这就像婴儿和学步儿把游戏作为一面镜子，从不同的角度看自己，并不断地提出问题，例如"我是谁？""我的身体是怎样运动的？""我将会成为什么样的人？"他们也将游戏作为通向社区和社会生活的门票，在这个过程中，他们探究诸如"你是谁？""我们有哪些共同点和差异？"以及"我们能够一起做什么？"等问题。当然，0～3 岁的幼儿也把游戏当做一种工具，利用它来理解世界的意义，以及世界是如何运转的等问题，幼儿也在不断地解决"这是什么？""它是做什么用的？"以及"我能拿它做什么？"等问题。

第二章 0~3 岁幼儿在亲密的人际关系中游戏、成长和学习

创设支持游戏的情感氛围

　　尼娜（14个月）走近水盘，她的重要他人格拉海姆正在那里蹲着与其他两个孩子玩。尼娜有些害怕，一直吮吸着大拇指，她靠过来，格拉海姆看着她说："尼娜穿的衣服是蓝白条的。"尼娜站在格拉海姆旁边，继续吮吸着大拇指。格拉海姆把手轻轻地放在尼娜的背上，另一只手把水递给她。这时，另外一个孩子需要帮助，于是格拉海姆走过去，但尼娜却因此哭了起来。格拉海姆只好又回到尼娜身边问："尼娜，你还好吧，怎么了？"格拉海姆蹲下来，问她是否想喝点儿果汁，并到架子上去取，可尼娜还是哭个不停。格拉海姆想尽了各种方法，尼娜还是不喝果汁，格拉海姆只好让她去玩水。尼娜边吮吸大拇指边看，半信半疑地拿起水瓶，但她没有倒水玩而是把瓶子扔了。然后她又开始哭，格拉海姆再次蹲下来，抱起她，并把她放到了自己的膝盖上。

　　尽管格拉海姆的同事很支持他，帮助他照顾其他幼儿，但他仍然需要去照顾另一个幼儿。尼娜又哭了，而且

声音越来越大，格拉海姆抱起她，拿出一些果汁，尼娜还是摇头拒绝。"你想睡觉吗？"格拉海姆问，尼娜点了点头，于是格拉海姆坐到房间的一角，轻轻摇晃着搂着她脖子的尼娜，轻柔地唱着歌，渐渐地，尼娜睡着了。

（关键期录像，2001）

对身体和情感的依赖

以上录像表明，婴儿和学步儿身体和情感的需要具有迫切性和波动性，这对他们的游戏也产生了影响。婴儿和学步儿的身体依赖表明他们是非常脆弱的，完全依靠他人满足自身的生理需要，以帮助自己生存（Manning-Morton & Thorp，2001），但同时其身体依赖与情感依赖是紧密交织在一起的。理解这一点十分重要，能证明这一点的典型例子就是食物与喂养。当婴儿被成人喂养时，他们不仅吸收了营养，也得到了成人的关爱。成人通过对幼儿因饥饿而哭闹做出反应来表达关爱和照料，这时婴儿就会将成人轻柔的触摸和轻柔的声音同减轻不舒适感觉之间建立联系。这种联系会贯穿于人的一生：我们为所爱的人做饭，或带他们外出用餐。我们会在高兴的时候"惬意地享用美味"，也会在悲伤的时候"食不甘味"，由此可见，教师应该理解和重视幼年期儿童身体与情感之间的密切联系，这是非常重要的。

利斯·埃利奥特（Lise Eliot，1999）曾对如何通过抚摸来发展儿童大脑的躯体感官（身体和感觉）系统进行过研究。研究表明，抚摸不仅会影响儿童全身的触觉灵敏性和运动技能，还有利于他们身体和情感的健康发展，因此，仅仅满足儿童的身体需要是不够的，如果儿童得不到爱，同样不能茁壮成长。在上面的录像中，我们可以看到，尼娜的照料者有效地运用了自己的声音、肢体语言和姿势等来表达对她的关注。他温柔地摇晃着尼娜，似乎在告诉她：你的需要很重要，我很愿意照顾你。因为他知道，当儿童忧伤时，他们的游戏能力就会减弱。

儿童所有的早期经验，无论记住或遗忘，都会对他们日后的发展产生深远的影响（Eliot，1999；Siegel，1999），尤其是发生在与自身有亲密关系的成人和同伴的情感学习中。因此，在发展高质量的游戏时，必须密切关注成人与儿童之间的关系。通过与成人的相互作用，儿童建立起一种关于世界的心理模型，其中包括自我、照料者以及他们之间的相互关系。利用这一心理模型，儿童重新建立和预期与他人的关系，约翰·鲍尔贝（John Bowlby，1969）将其称为"内在工作模型"。在游戏以及身体照料时间中，婴儿逐渐了解自己的情感，理解它们是如何影响他人的，以及如何调节情感，以便以社会能够接纳的方式来行事。例如，比莉 10 个月时就知道可以通过皱起鼻子用鼻音讲话，从而逗那些大孩子们笑。

最初的联系与游戏

敏感性与协调性（Stern，1990）是教师在支持儿童情感发展时所必须具备的特征。在快速的、调控的、面对面的互动中，具有较强的敏感性和协调性强的照料者不仅能使婴儿的消极情感最小化，而且能使他们的积极情感最大化（Schore，2001）。因此，幼儿需要能够做出积极反应的教师，这样的教师能够与幼儿一起游戏和安慰他们，其所运用的是最有助于幼儿成为独立个体的方式。

幼儿非常依赖成人的抚慰，当他们的身体感到强烈的不适时，成人需要花大量的时间把他们抱起来，摇晃并轻柔地抚摸。对于婴儿来说，他们情感的紧张程度引起了最初的焦虑。如果婴儿的需要没有得到回应，他们就无法理解需要与接受的因果关系，进而焦虑会逐渐增强，由此产生的不适也将永远持续下去。这时他们有两种选择，要么在发疯似的哭喊中抓狂，要么进入绝望的睡眠状态（Lieberman，1993）。在这种情况下，婴儿产生了这样一种感觉：世界是一个不值得信任的地方，会威胁他们的幸福感，因此需要小心谨慎地去接近。他们认为不应该期待所谓亲密的人际关系，同时也得到了关于个人价值的消极信息。由此，儿童的好奇心和游戏能力也许就被损害了（Creasey et al.，1998）。

反之，如果婴儿的需要得到了充满爱的回应，他们就懂得了这种不适不会永远持续下去，他们会怀着希望等待，并且逐渐学会处理焦虑，因为他们的父母或者教师为他们处理过类似的事情。因此，婴儿了解到：世界是一个值得探究的仁爱的地方，世界上的人是值得信赖的，他们能够相信他人也能被他人所信任（Lieberman，1993）。在这种情况下，成人与儿童之间的身体和情感的相互作用就是协调的，并具有连贯性和持续性，被儿童内化并形成一个整体的、连续的自我意识（Bain & Barnet，1980）。格瑞斯等人（Creasey et al.，1998）的研究表明，这种内化将有助于儿童社会能力的形成，而这种能力反过来会影响儿童参与社会游戏的能力。

情感性支持

婴幼儿需要高水平的移情能力，可以用心理学术语"容纳者－被容纳者"来形容（Shuttleworth in Miller et al.，1989）。朱迪·莎通沃斯（Judy Shuttleworth，1989）介绍了一种母亲与孩子进行心灵交流的方式，在这种方式中，母亲的头脑要成为婴儿的容器，母亲要把孩子的忧伤和不适的情感装在头脑中，否则婴儿就会有被离弃的感觉。通过同样的移情反应，教师也能够为他们的关键儿童提供有效的情感性支持。

有时，作者把上述容器的观点比做安全带所起的作用。在日常的运动中，你可以是自由而灵活的，但在紧急情况下，安全带却可以保护你免受伤害。婴儿在成长过程中要经历或强或弱的脆弱时期，他们迫切需要在情感方面得到成人的理解和支持，这种需要在不同程度上持续存在着。在早期教育机构中，即便婴儿或学步儿已经熟悉了所在的群体，但他们也会有不稳定的时候。当生活中的事

第二章 0～3岁幼儿在亲密的人际关系中游戏、成长和学习

17

Key times for play

件导致他们疲倦、不适或焦虑不安时，他们的健康状况迅速波动，会影响其情绪和幸福感，这时，他们需要得到支持。在这种状况下，幼儿的游戏能力也会大大地削弱。在对以前尼娜所做的观察记录中，我们可以清楚地看到，尽管在游戏中她的情绪经常是稳定和富有热情的，但她有时也会表现冷漠，例如，不参加玩水的游戏等。

依恋和游戏

鲍尔贝（1969）研究了如何通过爱心、敏感性和反馈等来保持成人与儿童之间关系的平衡，以便让他们形成依恋关系。如果儿童拥有稳定的依恋关系，他们就能更加独立地与同伴交流，积极参加更复杂和更富有创造性的游戏。这样的儿童更灵活机智，且拥有更强的自尊心（Schaffer & Emerson，1964）。

待在附近

依恋关系的一个重要特征是寻找亲近成人的机会。婴幼儿通过寻找照料者来表达他们对安全感的需要。我们经常能够在婴儿和学步儿的游戏中观察到这样的行为：当照料者不在视线范围内时，他们就会伸出双手让别人看到或拥抱和偎依别人，不断地跟随或接近他们的照料者。儿童感觉到舒适的距离取决于他们的年龄、气质、成长历程，以及疲劳、害怕、生病等因素，在之前的观察中我们看到，尼娜每次哭都是因为照料者不在身边。儿童一旦与照料者分离，就会急切地寻找他们，儿童感到舒适的距离取决于当时的情境，例如，环境对儿童来说是否熟悉等（Holmes，1993）。

当婴儿能够活动后，上述的这些行为就变得更为明显了。当陌生人进入房间并接近父母或照料者时，他们就会变得忧伤，并拒绝接近陌生人。这种"陌生人焦虑"（Ainsworth et al.，1978）表明，儿童能够清楚地区分哪些是他们认识以及与他们有关系的人，哪些不是。当婴儿和学步儿第一次进入早教机构或其他陌生的地方时，只有当父母或照料者待在附近时，他们才能在探究的环境中进行游戏，与其他成人交往，或者对其他儿童产生兴趣。

分离与丧失

依恋的对立面是分离。虽然儿童对于成人的离去已经比较了解，但亲密的人不在身边时，他们仍会感到不安。幼儿经历的分离过程可以比做成人的丧亲或离异（Bowlby，1979）。其经历的阶段有反抗、退缩、拒绝游戏和人等阶段，这些阶段包括了各种痛苦，例如，渴望、寻找、生气和绝望等（Robertson ＆ Robertson，1953）。

当与被依恋者分离时，儿童主要的反应就是反抗。婴儿和学步儿通过哭泣、叫喊、踢、咬等方式来表达与父母或照料者分离的忧伤。鲍尔贝认为，成人应该理解和支持幼儿的这些正常反应，这是由于依恋关系受到威胁而产生的，而不应该谴责或压制（1973）。

最初的反抗过后，儿童也许就会安静下来，情绪变得更为稳定，但通过进一步观察会发现，他们很可能会变得退缩和孤僻。他们不愿与人或物进行游戏，对探究环境也失去了兴趣和热情，并且似乎忘记了自己的需要。有时我们会看到，他们呆坐着注视远方，好像沉浸在被遗弃的悲伤之中。处于这种状态的儿童不能全身心地游戏，因此，支持幼儿游戏的基本要求是促进他们与照料者形成亲密的关系。随着父母或照料者对他们的支持，这种关系就会逐渐确立，他们就会更加信任周围的人，在探究游戏和群体的社会性游戏中更加自信。

安全基础

教师经常认为，当儿童与教师建立了依恋关系，就会鼓励其依赖性，而幼儿需要学习的是独立。这里其实涉及两个问题：第一，独立性作为 1～2 岁幼儿需要养成的品质，受到历史、文化背景以及现实条件的影响。例如，当一位教师需要同时照料许多儿童的时候，独立性的培养就变得更为重要。第二，儿童在亲密情感氛围中的学习能够培养他们自信、勇敢地探究世界的品质，帮助他们与成人建立更为亲密的关系。

这被称做安全基地效应（Bowlby，1988），它是依恋关系的另一个重要特征。为儿童创设安全基地就是为儿童创设支持性的环境，整合他们在有安全感的环境中的需要，让他们自由地进行探究。

儿童在游戏中表现出特定的行为，这有助于教师理解他们的想法和需要。例如，寻找、接近、拥抱、依偎、接近和跟随，表明儿童希望有安全感；而指物、匍匐、爬行、跑、跳以及躲藏等行为，则表明他们探究的信心。由于婴儿和学步儿的需要具有波动性，因此这些行为也在不断地发生着变化。他们会通过积极的探究来满足自己的好奇心，但有时也迫切需要重新回到照料者的怀抱中。

心理健康、恢复力和健康

早期稳定的依恋关系为儿童未来的人际关系、社交能力和参与社会游戏等能力的发展奠定了基础（Creasey et al.，1998）。鲍尔贝（1965）认为，母亲和儿童之间长期的分离和依恋关系的破裂是他们不快乐和焦虑的主要决定因素。儿童的发展受到许多因素的影响，例如：气质、亲属、家庭、友谊和在学校中取得的成功，它们所起的作用各不相同，了解这些作用是极为重要的。

心理健康基金会对儿童的心理健康因素进行了界定，其中包括儿童的"游戏和学习能力"（1999）。他们列举了对儿童心理健康不利的诸多因素，也指出有一些儿童拒绝发展成为"有能力、自信和关心成人"的人（Mental Health Foundation，1999）。他们认为，在人生第一年建立稳定的依恋关系是极其重要的，但也存在其他的影响因素，例如：儿童的个体因素，包括气质和智力；家庭因素，包括有代理父母和积极的角色榜样；社区因素，包括提供高质量的儿童照料等，综合以上所有因素，才能使儿童变得更有活力。

赛伯斯汀·克拉姆（Sebastian Kraemer，1999）对早期经历过遗弃或侮辱的处境不利儿童进行了研究。在他的研究中，这些儿童经常向他们尊敬的人倾诉心声，从而克服自身的不利。儿童获得的这些支持促使他们在生活中不拒绝、不粗暴，而是灵活的，能够相信早期经验，在困境中积极请求他人的帮助、设身处地地为他人考虑等，这些行为都可以通过游戏进行探究。

弗瑞·利弗（Ferre Laevers）将处于健康状态的儿童比做"水中的鱼"（Laevers et al.，1997）。因为儿童对周围环境的态度是开放、接纳和灵活的；他们拥有良好的自信心、自尊心和奋斗精神；他们散发着生机和活力；他们喜欢与他人分享快乐（Laevers et al.，1997）。对于儿童来说，形成这种愉快心情的最佳途径是在早期借助自身的需要，与成人建立敏感、周到、和谐的关系（在这种关系中的成人是反应敏锐、关注幼儿需求的），从而能够促进幼儿身心的健康发展（Kraemer，1999）。虽然愉快心情或后期经验对儿童也同样具有重要的影响，但这并不否定早期经验的重要性，因此，0～3岁幼儿的教师应尽可能地与幼儿建立亲密的人际关系。

游戏和情感

18个月的比莉重重地摔了一跤，把门牙摔坏了。她不能再用瓶子吮吸，2个月后还得去拔掉坏牙。托儿所借给她父母一套玩具，上面描述了一个牙科医生正在做手术的情景。手术前，比莉的妈妈用这套玩具向她说明了医生的意图，当说到她的坏牙时，比莉摇着头，一脸悲伤地说："不，bot-bot。"手术后，比莉开始玩这套玩具，她盖住玩具娃娃的脸说"讨厌"，因为她讨厌麻醉面具和麻醉药的气味。她还用不同的东西盖住父母的脸，并使劲往下压。父母把她的坏牙保存在一个特别的盒子里，刚开始她还要求坐下来谈论它，以后的两三年就逐渐不谈了。后来，当生活中再出现相同的气味时，她还会回忆起这段经历，并

Key times for play

去看她的坏牙。直到 4 岁时，比莉才摆脱了关于"bot-bot"的噩梦。8 岁时，比莉写了一个故事，灵感来自于真实的生活，故事是关于一个女孩儿的，由于一次事故她摔坏了牙，致使她不能用瓶子吮吸，而不得不打麻醉药，但在故事结尾她写道："最后一切都变好了。"

0～3 岁幼儿的情感发展是具有重要意义的，教师要把游戏变成幼儿情感表达的工具，并以此来促进幼儿情感性经验的发展。

精神分析理论的影响

有关儿童游戏的观点认为，我们要允许儿童释放或者表达他们的情感。米兰妮·凯琳（Melanie Klein，1932）曾对于儿童是如何在游戏中以象征的方式表达他们的幻想、愿望和真实的经验进行了研究。

说到情感健康，大多数幼儿教师都会谈到那些不参与游戏的儿童，这种观点在历史上产生过很大的影响。苏珊·埃塞克斯（Susan Isaacs，1929）认为，游戏是儿童情感健康发展的必要基础，并且把不参与游戏作为儿童心理不健康的标志。韦尼克特（Winnicott，1971）认为，游戏有助于儿童的成长以及身体的健康；它是一种相互交流的方式和形成群体关系的重要途径；它与很多因素是相关联的；儿童在游戏过程中能够学会信任；游戏还需要运用身体和花费时间，从根本上来说，游戏具有重要的作用。

韦尼克特（1971）对婴儿的游戏场如何成为母亲（或者替代者）与婴儿的（心理）空间进行了研究。游戏场能让他们都感到兴奋，并能激起潜在的焦虑。婴儿通过游戏场逐渐认识了成人反馈的外部真实世界，并把这种认识内化，同时增强了对成人的信任。在这种相互关系中，婴儿与母亲配合的程度会影响到他们的情感学习。例如，当婴儿在玩平衡游戏时，他们为防止摔落而转移了视线，这时成人就需要密切关注婴儿。婴儿和成人在游戏中相互作用，紧密配合，是一种重要的情感表达方式（Schore，2001）。

过渡物品

当婴儿有过类似的经历后，他们就能够忍受次要的"不满足"，例如，他们想吃东西，可离家还有 5 分钟的车程，他们也可以忍受。这为成人与婴儿之间开发了一个心理空间，于是我们还可以经常看到儿童在吮吸手指或者待在地毯的某一个角落上，韦尼克特将其称为"过渡现象或者过渡物品"（1971）。这表明，儿童从想和母亲融为一体逐渐过渡到可以把母亲当做独立的个体来看待。

随着年龄的增长，儿童继续运用过渡物品。许多幼儿都会随身携带一些特殊的玩具或物品，例如，一只玩具小熊、一块布或者其他什么东西，这些东西看上去虽然很平常，但却包含着"母爱"，能够帮助儿童在悲伤时获得舒适和安全的感觉。因此，物品的气味和感觉是非常重要的。如果你没有意识到这些物品的重要性，而想在他们离开幼儿园以前把它们清洗或者收起来，实际上对儿童来说是一种剥夺，韦尼克特将它们称为"世界上第一件属于婴儿自己的东西，但并不是婴儿自身的一部分"（1957），并认为"这是婴儿创造世界的开始"（1957）。因为儿童在操作该物品时，对其赋予了自己的情感和意义。

韦尼克特认为，这是儿童游戏能力的开始，在游戏过程中发挥个性和发现自我，儿童和成人会变得更富有创造性，当然，这并不是在创作艺术品的意义上而言的（1971）。

作为治疗方法的游戏

在历史上，关于人类情感发展的精神分析学科与教育学科之间、情感发展与智力发展之间曾存在着联系。苏珊·埃塞克斯曾接受过克莱因学派（Kleinian tradition）的精神分析培训，还在剑桥开办了麦芽坊学校。安娜·弗洛伊德（Anna Freud）在维也纳开办了杰克逊托儿所，在伦敦开办了汉姆博斯戴德·沃托儿所（之后，安娜·弗洛伊德开办的幼儿园于 1999 年关闭）。她是被父亲西蒙·弗洛伊德领进精神分析学领域的，受训成为教师，也讲授过精神分析学的课程（Young Bruehl，1988）。

近年来，精神分析学科与教育学科之间、情感发展与智力发展之间的联系逐渐减少，它们在各自领域有了不同的发展重点。正如韦尼克特（1971）所说的，"教师的目标是丰富儿童的发展，而治疗师关注的则是个体儿童自身的成长过程"。于是，人们对游戏的看法产生了分歧：游戏是为了儿童的学习和以后的教育，还是作为一种治疗的方式。前者倾向于成人在游戏中扮演"支架"的角色（Bruner et al.，1976），后者倾向于成人在一定程度上控制游戏，但不必亲自参与。从游戏治疗的角度来看，成人在游戏中的角色是让儿童有时间和空间去完成那些还未实施的想法，并以自己的方式表达出来。

在针对儿童进行的精神分析治疗中，游戏是儿童的语言这一观点形成游戏治疗的基础。其中，儿童的游戏是自我指导的，是在一个受保护的、不被干扰的时间与空间中进行的。虽然是非指导性的，但是仍然需要成人密切的关注。埃克斯兰（Axline，1964）根据这一过程举了一个典型的例子；具有社会关怀背景的教师或许会熟悉这些概念，他们会为有特殊困难的儿童提供"特别的时间"。

里纳特·麦克马洪（Linnet McMahon，1994）指出，儿童的许多游戏是为了重现自己的经验，表现不安，他们在有所控制的游戏中，在安全的情境中自发地、创造性地游戏，而不必承担错误的后果。对于儿童而言，以一种温和的、可接受的、真实的、移情的方式来对他们的行为和情感进行反馈是有用的。作为教师，和幼儿讨论情感是较少的，更多的是告诉幼儿物体名称与属性，尤其和男孩在一起时更会这样做。为了有效支持婴儿和学步儿的游戏，教师要跟随他们的步伐，发展敏感的倾听技能，表达关注而非怀疑。在0～3岁幼儿的游戏过程中，教师对其进行的评价以及在情感和其他方面的关注，对他们是很有帮助的。

对实践的启发

教师认为"儿童仅仅需要自由的游戏"，因此他们有时会以此为借口，忽视以致误解自我指导游戏的重要性，他们总是认为自己无法参与到游戏中，无论是作为观察者还是参与者都不行。作为一种治疗方式的游戏，教师的做法显然是不对的。韦尼克特认为，当成人能够在游戏中变得游刃有余时，儿童的游戏才会变得更容易（1971）。

麦芽坊学校和汉姆博斯戴德托儿所坚守的原则是细致观察幼儿游戏，以便更好地了解幼儿的想法和情感，并以此为原则审慎地考虑为幼儿提供游戏的机会。在精神分析治疗领域，机构中的成员已经意识到，把自己的情感强加到儿童身上是危险的，并且会有"转移"的影响，虽然成人的情感也许会反映儿童的想法。为了确保观察结果解释的正确性，参与成员应当一起对其进行讨论（Young Bruehl, 1988）。

从多学科角度看待观察结果不仅对教师有益，而且对于由各学科人员组成的团队来说也是大有裨益的。例如，当我们观察一个对在家具之间系绳子或带子感兴趣的儿童，或重复地给成人来来回回拿送物体的儿童时，从认知发展的角度可以解释为，儿童正在探究一个联结图式（参见 Athey, 1990；Bruce, 1997）；而从精神分析的角度可以解释为，这个儿童正在表达一种对分离的恐惧，或者想利用系绳子或带子来保持情感方面的某种联系（Winnicott, 1971）。这些解释来源于父母提供的信息和其他的观察结果中，并为该儿童的行为提供了背景。

Key times for play

成人在与幼儿建立亲密关系支持的幼儿游戏中的作用

为了理解各种情感发展理论以及澄清依恋关系的重要特征，幼儿教师应做到以下几个方面：

- 与儿童建立适宜的亲密关系；
- 与父母有效地合作，共同照料儿童；
- 创设能够增强儿童对情感与人际关系理解的游戏；
- 敏感地参与到游戏活动中去。

为了从情感层面和智力层面理解教师角色的重要性，教师应当反思在成人人际关系中的经验。当被问及成人关系中的积极因素时，教师指出了一些因素，如"不做判断""倾听和理解""分享与交流""等待""支持性的和对结果满意""拥抱和慈爱"等，这些都可以作为亲密关系的积极特征。这些做法能够使他们被接纳——不论是好的还是坏的方面，使他们轻松地成为自己，更自信、被爱，更能挑战困难（Manning-Morton，2000b）。这些特征也是成人与3岁前幼儿建立关系的基础，能够使他们形成一种积极的自我概念，提高他们的游戏能力。要做到这些，照料者需要坚定信念，保持照料的持续性，与幼儿形成亲密的关系。

重要工作和重要人员的人际关系

19世纪七八十年代，日托机构的研究（Bain & Barnett，1980；Marshall，1982；Belsky，1988）强调，由于婴儿所接受的照料是非连贯的，因此需要给予他们个别化的照料，于是便引入了重要工作这一概念，即让一个成人去承担照顾一小组幼儿的重要责任，从而确保幼儿的个体需要在群体中得到满足，这是一种最有效的方式。

重要工作的目标是满足儿童的情感需要，鼓励儿童与重要他人之间建立稳定的依恋关系。虽然幼儿能与一小部分人形成依恋关系（Goosens & Van Ijzendoorn，1990；Rutter，1995），但并不意味着他们能够忍受一些教师的来去和更替。相反，作为幼儿家庭的重要他人，教师应当关注其重要成员的人际关系的质量。海伦·瑞克斯（Helen Raikes，1993）指出，与儿童之间的关系持续得越久，就越能与儿童和谐相处，并为之提供更加适宜的游戏机会。

当把教师重要工作的概念与幼儿游戏相联系时，教师就具备了双重的角色，他既是重要工作系统的组成部分，又是重要儿童的照料者，对此要做出区分（Manning-Morton & Thorp，2001；Elfer et al.，2002）。

重要工作系统中的一些关键方面有：
- 观察重要儿童的游戏，分析通过观察收集来的信息；
- 根据所观察的儿童的兴趣为个体儿童安排游戏活动；
- 与父母分享关于游戏活动的情况和看法；
- 在重要小组的活动时间为儿童安排游戏活动。

重要人际关系的一些关键方面有：
- 充分了解儿童及家长，与重要儿童及家长形成安全信任的关系。教师需要长时间与儿童待在一起游戏。
- 承担照顾儿童身体的主要责任，与重要儿童形成安全信任的关系。教师需要参与重要儿童的喂养与进食、过渡与如厕、穿衣与盥洗、安排睡觉的活动。
- 为儿童提供安全的环境，与重要儿童形成安全信任的关系。教师要支持他们的兴趣，在他们游戏时微笑和点头；鼓励他们独自进行探索，使其注意到周围有趣的事物；坐在和他们高度一致的地方，并尽可能地靠近他们，使其回来时能获得身体和情感的满足。如坐在矮椅子上或豆子袋上，安静地待着，而不是在房间里四处走动。

Key times for play

● 通过运用肢体语言、眼神交流、语调、语气等与重要儿童形成安全信任的关系。这表明教师是支持性的和对儿童感兴趣的，是根据儿童的气质与文化背景做出判断的。

● 通过理解儿童的情感，与重要儿童形成安全信任的关系。教师不仅要承认和允许儿童自己去表达各种情感，例如，愤怒、高兴、悲伤、激动、兴奋和爱的情感等，还要通过轻柔的抚摸、用语言表达情感、提供解释、让他们镇静下来等包容和安慰伤感的幼儿。

上述这些行为能够发展儿童的情感智力（Goleman，1996）或阅读能力（Sharp，2001）。以往关于幼儿情感发展的观点认为，要限制幼儿情感的范围和复杂性，抑制幼儿强烈的情感。迄今为止，我们仍然可以遇到这样的事例，例如，我们经常能听到这样的话："行了，别哭了，你现在是个大男孩了"或"做个好女孩，把小熊拿出来分享吧"等。当看到儿童痛苦、悲伤和愤怒的情绪时，成人往往感到不舒服，所以会发狂地摇动婴儿或分散他们的注意力，他们往往错误地认为幼儿不久就会忘记痛苦和忧伤。

对教师的启发

莎通沃斯（1989）所研究的"容纳者－被容纳者"的概念是母亲与孩子进行心灵沟通的一种方式，然而，由于幼儿教师长时间照料婴幼儿，他们也会被激发出类似的母性，与婴幼儿之间形成一种紧密的联系。在照料婴幼儿的过程中，教师被激发出的这种情感构成了他们回应儿童反应的基础。也就是说，当教师能够理解自身悲伤或不适的情感后，就能把这种理解体现在情况类似的婴幼儿身上。

为了避免幼儿的情感对其自身的影响，教师需要对自己的成人身份有足够清楚、灵活的认识，这包括：

● 高度的自我接纳性；

● 能够认识到在某些特殊儿童和其他儿童中也许会看到自己的影子的能力；

● 能够区分哪些是成人而非儿童的情感特征的能力。

教师要时刻意识到自己的成人角色，善待与儿童之间的关系，因此，不要期望婴儿或学步儿能够理解和考虑教师的需要，也不要让他们遵循成人的游戏规则。

幼儿个体的气质对成人处理问题的能力也会产生影响。个别婴儿会激起成人特别的情感，例如，性格外向的成人也许厌烦安静的儿童，性格内向的成人或许反感开朗的儿童。有研究指出，成人与儿童的匹配程度将会影响儿童游戏的能力（Thomas & Chess，1980）。因此，教师需要形成自我意识，尽量使自己的反应被每个儿童所适应。

正如莎通沃斯所指出的，某种持续存在的精神状态会成为一种无形的情绪干扰（1989），因此，教师可能会寻求方式，以避免干扰幼儿。作者及其他研究者的研究发现（Hopkins，1988；Goldschmied & Jackson，1994；Elfer，1996；Manning-Morton，2000a），被观察的教师都喜欢做不受个人情感影响的工作，而不是参与重要儿童的游戏。

这种情感状态可能会导致教师在从事重要工作时感觉不适。这种不适可能是个人层面的，例如，"我不想与儿童过于亲近，否则当他们离开时我会很痛苦"；也有些不适与团队其他人的压力有关，例如，在我的团队中工作很困难，"我想一直喂养我的重要婴儿，但同事认为这样会溺爱她，她需要适应我们所有的人"。引起这种不适有时是因为缺乏家长的理解，即鼓励婴儿或学步儿与重要成人形成亲密的关系不会削弱他们与父母之间的爱，反而会增加孩子对另一种值得信任的关系的体验，但家长往往认识不到这一点。

正如鲍尔贝（1969）所说的：

当儿童不只有一个依恋对象时，他对主要依恋对象的依恋或许会减弱，相反，当他只有一个依恋对象时，这种依恋关系就会非常紧密。但也有研究指出，事实并非都是如此。

这表明，就像母亲一样，教师的包容能力取决于能够让儿童感受到爱以外的其他因素。教师在生活中的情感智力水平取决于其自身的情感方式和人际交往技能（Manning-Morton，2000b）。除此之外，教师还需要足够的外部支持来包容他们。教师需要经常有机会不断思考自己对儿童和工作的情绪反应，发现儿童的进步，进而安排儿童的游戏。例如，尼娜的老师发现，通过观看活动的录像，谈论自己和尼娜的感受，这对于解决类似的情形是有帮助和启发的。正如彼得·艾弗尔所说的，"如果所在的群体缺乏组织性，不期望得到情感上的支持和反思，那么教师与幼儿保持亲密和敏感的关系是很困难的"（1996）。

因此，管理者、训练者和咨询者首先要充分了解幼儿的情感需要，在此基础上为教师提供支持，重视教师情感实践的各个方面，避免对教师提出不合理的要求，从而减少他们关心儿童身心健康的机会。忙于搞卫生、做饭和洗衣服的教师是不可能长时间参与儿童的游戏的。

0～3 岁幼儿身体和情感尚未独立时的游戏

本章我们主要介绍了成人和儿童之间的关系对于身体和情感处于依赖期年龄的儿童发展的重要性。毫不意外的是，婴儿喜欢和带给他们安全感的成人一起游戏。婴儿在与其亲密照料者进行眼神交流时，他们就获得了一种关于自身和周围世界的积极或消极的信息。

模仿游戏

当婴儿被成人放在双膝上并与成人有了眼神交流以后，就会有许多乐趣和学习活动产生。这时，婴儿开始模仿成人的面部表情，不久，婴儿就会出现笑、翻动舌头、眨眼睛等从未有过的模仿动作。只要保持目光接触，这些模仿就会持续下去。成人反过来也可以模仿婴儿的动作，例如，通过模仿婴儿的动作或发声，就会向婴儿传递这样一种信息：我对你有兴趣，我喜欢你，我在关注着你做的事情。通过这种游戏，成人和婴儿增进了彼此之间的了解，相互之间变得更为和谐，婴儿也能学到很多表达情绪的面部表情。

躲猫猫游戏

躲猫猫游戏是很有价值的，它既可以是激烈的，也可以是安静的活动。成人躲在双手后面或闭上眼睛，然后再露出一个夸张的表情，就会逗乐正在看的婴儿。成人或婴儿也可以用布或帽子盖住脸，年龄稍大的婴儿会把自己盖住或把成人脸上的布抢过来。学步儿喜欢把自己藏在窗帘后面，他们发起游戏的热情很高，因此，游戏能持续一段时间。这类游戏在安全的情境中再现了婴儿和学步儿的照料者消失的情景，也可以控制他们与照料者分离的时间。帐篷、盒子和许多"里面、下面、后面"的游戏也具有类似的益处。

分享经验

唱歌、跳舞和讲故事是能够帮助幼儿学会友爱的游戏。0～3岁幼儿的这些活动与3～5岁幼儿的故事时间是完全不同的，其目的是让幼儿坐在双膝上享受亲密关系和分享经验，也同样为了发展幼儿的语言技能或理解节奏。在这些活动中，幼儿可以把喜欢的书放在托儿所，也可以放在家里，这种分享活动促进了家园联系。在书或相册里还可以看到儿童的朋友、家庭成员和宠物的照片，这有助于增强他们的归属感，并为其提供讨论感受的机会。例如：

最近，詹曼恩的弟弟要过生日了，但是他只喜欢庆祝的时刻，却不喜欢组织聚会的过程。他妈妈把这件事情告诉了他的重要他人，于是他们一起阅读了《斯堡特的生日聚会》的故事，然后讨论了游戏的乐趣，还提到了故事中的某些情节：当只有斯堡特一个人有礼物打开时，其他人是多么羡慕。

安全感

当婴儿和学步儿不再害怕他们的重要他人（照料者）突然消失时，他们的游戏才会变得更加丰富。过渡物体也能帮助他们放松并享受游戏，例如，在爬行过程中，如果把毯子系在学步儿的腰部，则会增强他们的安全感，同时也向他们传递了一种信息：你的需要是被理解、支持和尊重的。学步儿知道把丢失或遗弃的东西物归原主。通过这样一种方式，其他儿童则学会尊重别人的特殊玩具。

个性化的游戏

为儿童提供高质量的游戏活动，要具备较强的观察力，要了解重要儿童的兴趣、关注点和能力水平。例如：

> 布莱德给罗莎带来了可在婴儿室使用的照相机，因为罗莎的爸爸是一位摄影师；伊森正在搬家，卡尔通把卡片盒子给他；露西为唐娜从百宝箱里拿出了不同的物体，在墙脚排成了一排，因为最近唐娜发现自己能自由挥动手臂击打物体了。

治疗的游戏

教师一般都熟知玩水、画画、玩沙和玩泥游戏的价值，因为儿童在这些游戏的过程中能够表达情感。然而，在上述观察中，搬家用的盒子是治疗游戏的很好例子，它能使幼小的儿童表达焦虑：伊森不知道会落下什么东西，他担心这个盒子放不下他的床，以及为什么爸爸不让把这个厕所带走。

户外游戏

不能自由活动的婴儿和学步儿同样能从户外游戏中获益。给婴儿穿上舒适的衣服，让他们观察其他儿童的活动，感受微风的吹拂和阳光的温暖，看影子，听树叶沙沙作响、鸟儿唱歌，触摸小草，让他们享受坐在小车里被推着转的感觉或把他们放在秋千上摇荡。这一切，都依赖照料者做好准备，带领他们到户外并待在附近。

熟悉和挑战

0～3 岁的幼儿喜欢探究，经常有想要独立的冲动，还会突然变得很胆小，发展高质量的游戏需要考虑幼儿的这些年龄特征。婴儿的安全感大多来自于他们对外界的预期。自己所喜爱的东西的消失和新颖事物的出现，都会使他们感到不安和焦虑，正如有一天当我们回到家，却发现所有的东西都变了，也会很不安一样。因此，我们必须为儿童连续提供相似的游戏资源，逐渐向他们介绍新的事物和挑战。

以上探讨的所有游戏经验都建立在儿童与照料者之间亲密的、支持性的关系的基础上，以一种创造性的方式给予婴儿和学步儿关于自身和周围世界的积极信息，从而使他们逐渐变得更加坚强和独立。

第三章 0～3岁幼儿在运动和操作中游戏、成长和学习

学习运动、学习游戏

雷之是个男孩，20个月大，社区托儿所里有6个孩子，他是其中之一。九月的一天，阳光明媚，雷之戴着帽子和围巾，穿着大衣，正在花园里推小车。

雷之的重要他人周说："雷之以前患过胸部感染方面的疾病，为了防止他着凉，雷之的妈妈一般只让他待在屋里，不允许雷之进行户外活动，但是现在雷之穿得很暖和，所以他妈妈暂时同意他到户外游戏。"

雷之看上去很自信，他很专心地进行着活动。他在花园里的环行小道以及沙坑和围栏之间的狭窄空间中运动着，每当他从周身边路过时，他都会调整一下箱子里的货物，并对他说"再见"。还有杰斯米（2岁），她目前是花园里游戏的指挥者，她也会突然停下来说："不许走""准备，准备走了"。

过了一会儿，到了雷之睡觉的时间，他开始准备睡觉了，雷之脱掉鞋子和袜子，仔细地把它们放进旁边的篮子里，然后迅速地找到书架旁边的床躺下，嘴里还不停地说"狗一狗"。

在雷之入睡之前，周听见他在唱歌，"Eady，eady 走""不要走"，像在念咒语一样，然而又像在重温上午的经历。于是，周写信把这件事告诉了雷之的妈妈。

身体运动游戏的重要性

如果你正在照料婴儿和学步儿，或者你曾经对他们进行过观察，那么你一定会了解他们对于身体游戏的热情，就像上述的例子一样。斯腾豪斯（Stonehouse，1988）认为，这是该年龄群体儿童的特征，他们对任何事物都充满了好奇，总是在不停地运动着、忙碌着，探究周围能接触到的一切事物。通过身体运动游戏，幼儿能够更好地控制身体，有利于发展他们的运动性、敏捷性、灵活性，从而最终实现独立。

传统幼儿教师培训的重点是了解幼儿身体发展的阶段特征，然而近年来，该重点已经转移到了幼儿的认知发展上，因此，教师有时会忽略幼儿的身体运动游戏。身体运动游戏是幼儿各方面发展与学习的基础，而且也是大脑发展的基础。因此，作为一名优秀的教师，首先需要掌握幼儿身体发展的相关知识。

在上述的录像中，我们可以观察到雷之是如何自由地运动，如何做一些身体力所能及的事情，这对他各方面的发展都会产生直接的影响。

交往技能

对于一个长期居家或者工作单调的人来说，如果乐于交往，而且又被一件事情所吸引，那么就会增强他们的交往愿望，从而发展自身的交往技能。当雷之在花园里兴奋地努力工作时，他会使用自己熟悉的以及刚学到的词语，这些词语在他睡觉时也在使用着。

社会性发展

随着婴儿敏捷性与灵活性的发展，他们的学习资源也在不断地丰富。他们逐渐能够与他人进行游戏，从而发展社会性技能。雷之

Key times for play

现在的活动范围更大了——他会在花园里跟随和模仿比自己年长的"专家"，还能够暂时离开重要他人，并保持与他们的联系，这是该年龄阶段儿童的另一个重要特征（Stonehouse，1989）。

情感的发展

当雷之在身体运动游戏中试图控制自己时，当他做着自己力所能及的事情时，当他准备睡觉时，我们都能够观察到他在情感方面的发展，看到他较强的自尊心、自信心和独立性。不允许参加户外游戏是导致儿童产生沮丧、愤怒和自卑情绪的根源。虽然雷之的社交技能有限，但他却有着强烈的交往需要（这是此年龄群体儿童的另一特征），其自身也需要参加身体运动，但雷之的母亲却没有意识到这一点，因此，导致雷之经常发怒或哭泣。雷之的身体很灵活，这也促使他去探究陌生的事物，同时也增加了他的兴奋和恐惧。

创造性

随着婴儿与学步儿的敏捷性与灵活性的不断发展，其创造性也得到了提高。如果采用新的工具观察儿童所扮演的角色和正在做的事情就会发现，他们在游戏中非常投入，并且颇富有想象力。例如：

> 窗帘变成了儿童躲猫猫的工具；在水平弹道上，画笔被儿童从一边猛击到另一边，变成了一辆快速行驶的能发声的汽车。在观察雷之的录像中，我们还发现，杰斯米是一位能干的三轮车司机，她正在进行着富有创造性的"汽车站"游戏，在运用着自己的身体，而且还发挥了自己的领导才能。

学会运动

0～3岁幼儿游戏的发展与其身体发展的普遍规律有着密切的

联系，教师需要了解社会、文化、历史以及环境等因素对幼儿的发展具有重要的影响，并由此形成每个儿童身体发展的独特性。

9个月后，胎儿在母亲子宫里蜷起身体，然后会随机地踢腿和挥动手臂，这些运动都会帮助胎儿伸展身体（Karmiloff-Smith，1994），发展他们早期娇嫩的肌肉纤维，同时胎儿的大脑也发生了变化。于是，胎儿无意识的行为（受下皮层所控制）就逐渐被有意识的行为（受大脑表层所控制）所代替。逐渐增强的结构一旦建立起来，就能够更好地控制肌肉。

学会控制头部和颈部

与成人相比，新生儿的头部所占身体的比例较大，因此，成人要仔细照顾他们的头部。如果不小心疏忽，他们的头就会突然垂下，除非你把他的头放到一个像子宫那样的比较固定的空间（Karmiloff-Smith，1994）。但即便如此，如果你照顾不周的话也会有危险。

> 欧玛（9周）背朝着天躺着，他的重要他人正坐在靠背长椅上喂另一个婴儿，并和他聊天。欧玛努力地耸起肩膀，抬起头想要听到他们的话并看到她，重要他人看到以后便转过来与他聊天。

随着儿童的视野更加开阔，他们还想控制更多的事物，听到更多的声音，并且在游戏中表现出来。

翻身

当婴儿兴奋地踢腿、挥动手臂、抬头时，他们也许会意外地发现自己能够翻身了。为了"享受"这个发现，不久，这种偶然的翻身就会变成有意识的翻身。

> 汉纳（7个月）的重要他人告诉我们，汉纳在抓住一切机会玩翻身游戏。当物体被挪动后，如果汉纳够不到，

她就会努力地翻身去够，为此，她还从家里的长椅上掉下来两三次。

（这个年龄的婴儿意识不到跌落的危险。）

坐

婴儿通常在5~9个月时学会坐。当婴儿刚学会坐时，成人对他们的照料也要有所不同。起初，婴儿只能掌握简单的平衡而坐起，这时，他们由上至下以及由中心向边缘控制身体的肌肉神经刚开始发展，如果腰上的肌肉支撑不住，他们可能就要翻过去（Karmiloff-Smith，1994）。

随着婴儿背部肌肉的不断成熟，他们的身体更加平衡，婴儿能够熟练地坐起来，并且伸开腿保持平衡。这是他们第一次直立地坐起，之后他们就能够准确地指物和用双手探究物体。能够坐起来开启了新的游戏机会。在第六章的案例中，在婴儿室里，莎拉正坐着玩百宝箱里的玩具（Goldschmied & Jackson，1994），这使她和吉玛、米洛之间有了面对面交流的机会，他们共同探究的物体成为了彼此沟通的桥梁（Goldschmied & Selleck，1996）。

就像偶然发现自己会翻身一样，会坐的婴儿如果向前趴，就会发现自己还能用胳膊撑起身体。这时，婴儿会用转圈或像游泳一样的方式向前，这些运动慢慢就会变为爬行，但是由于婴儿头重脚轻的不协调的身体比例，或许他们一开始只能向后爬（Karmiloff-Smith，1994）。

爬行

爬行是一个需要学习的复杂的行为。为了到达目的地，婴儿必须计划如何、何时活动每只胳膊和每条腿，没有成人的榜样去模仿，而只能自己探究。但有些婴儿根本没有经历爬行阶段，就直接学会了走路。

婴儿是否经历爬行阶段并不重要，但是婴儿的变化表明了他们的行为正在变得更有意义、更积极。

通过运动，玛温娜能够满足自己控制身体的强烈欲望，而通过游戏，则能提高她处理事情的能力。她决定去抢姐姐正在玩的火车零件，根据火车发动机的声音，她知道能在姐姐的房间里找到它。

在婴儿能够运动以后，他们就逐渐认识到，对他们来说，有些领域是禁止的，于是他们不得不开始学习运用认知技能，比如记忆和意识（Gopnik et al. ，1999）。

7～9个月左右的婴儿会产生很多恐惧的体验：

当来拜访的阿姨抱起古菲（8个月）时，她却大哭了起来，古菲的妈妈说几个月前她还会冲每个人笑，而现在却只与那些熟悉的人在一起时才会高兴。

婴儿在获得自由以后就能够独立地进行游戏了。在游戏的过程中，他们会产生新的恐惧，这些恐惧也会带来一些积极的影响。例如，当婴儿学会爬行以后，他们就有可能遇到更加危险的情况，但他们对危险又似乎有着一种莫名的恐惧（Gibson & Walk，1960）。

维恩（9个月）爬上了天井的顶端，他突然害怕起来，于是哭着要重要他人来抱。

但并不是所有的婴儿都如此：

露西（10个月）从餐厅的楼梯爬到厨房找妈妈，结果摔到了厨房的地板上，还摔伤了脸。

婴儿在刚出生时就具备了深度知觉，但是他们对危险的知觉与视知觉的成熟或运动经验是否有关，一直存在很大的争议

Key times for play

（Karmiloff-Smith，1994）。

瑞德等人（Rader et al.，1980）的研究发现，刚刚学会爬行的婴儿拒绝爬到"视崖"深的一边，但是如果让他们坐在婴儿车里，就可以越过视崖。瑞德解释说，当婴儿被放在婴儿车中移动时，他们的视觉线索就会被中断，而在爬行的过程中，婴儿会同时依靠触觉和视觉线索，因此对于深度更敏感、更警惕。由此可见，婴儿车暴露出如此多的问题，成人应该警惕并避免使用婴儿车，尽管这一结论还存在争议。

爬行练习可以锻炼婴儿手臂和腿部肌肉的力量。

> 维恩借助身边的东西帮助自己前进。他的重要他人说，她现在最大的任务就是要保证周围的所有物品能承受他的重量，并且在他快摔下来时能在旁边保护他。

不久你还会发现，如果空间允许，婴儿就会在家具旁边爬，但如果家具之间的空隙太大，或许他们就不能越过。

> 露西张开双臂靠在家具旁边，但她的脚却无法挪动，她向前趴着，但后来抖得太厉害，所以她没能爬过空隙。

由以上案例可见，维恩和露西的游戏受到很多因素的影响，例如，他们所在的位置、手臂伸展的范围以及较高的视线水平等。婴儿是清洁矮桌子和架子的"专家"，但这也带来了负面的影响：他们在玩耍的过程中无法腾出双手探究和拿东西。

走路

照料者一般都会对婴儿的摇摆步感到惊喜，从而鼓励他们继续练习这一新技能。刚学会走路以后，婴儿的行动就会变得缓慢。当他们处于匆忙的状态，或者在上下斜坡和楼梯时，或许仍会求助于爬行。他们会在特定的情境中选择合适的运动方式，而不仅仅是学习走路。

> 杰米（12个月）摇摇摆摆地从这边走到那边，膝盖不
> 会弯曲。书和电视遥控器都被他踩在了脚下，还有蜡笔也
> 在他脚下滚动着。

刚学会走路的婴儿在慢慢地进步着，他们张开脚趾，迈开步伐，学会了绕着物体走，而不再踩踏它们。他们还能停住或者倒着走，不久还能学会跑（Karmiloff-Smith，1994），从此，这些运动方式就成为了婴儿游戏的主要手段。

但这里需要注意的一点是，走路仅仅是学步儿探究和游戏的另外一种手段。他们对于自己新获得的运动能力兴奋不已，很想庆祝一下。斯腾豪斯（1988）把婴儿学习走路比做青年学习开车。他们被遇到的事情所吸引，因而忍不住要去探究。

> 约翰的母亲说："当我要去商店时，约翰就会有一条
> 跟我完全不同的行走路线。他经常从相反的方向蹒跚地走
> 过来或停下、等待，然后再接着走。当我们开始上楼梯
> 时，他会重复着上上下下走上三次或四次才肯向前。"

许多学步儿都喜欢爬楼梯。刚开始他们先抬一只脚，为了保持平衡，另一只脚则成了杠杆，因此每上一个台阶，他们的两只脚都要落到台阶上，然后再上另一个台阶（Karmiloff-Smith，1994）。下楼梯也是如此。为了安全起见，成人可以教他们在下楼时倒着爬。

在24～30个月大时，婴儿的身体进一步发生变化。他们的腿变长了，脂肪长成了肌肉，整个身体不再那么胖乎乎了。他们变得更加挺拔，膝盖和脚踝也变得更加灵活，脚弓也开始慢慢发展，逐渐减少了用平足走路的次数（Karmiloff-Smith，1994）。

在身体运动游戏的过程中，儿童开始综合运用各种运动技能。例如，他们能够爬到滑梯的顶部，还能推着三轮车快跑（如观察到

的雷之的表现），还会驾驶玩具货车和童车，并可以沿着一个复杂的路线收集货物。

由此可见，3岁幼儿身体运动的敏捷性、灵活性和独立性受到以下三个因素的影响：神经系统和肌肉纤维的成熟和发展；自身不懈的探究和控制身体、环境的欲望；参与身体运动游戏的兴趣和机会。

举起、操作和做

新生儿通过挥动双手、伸够等动作来练习抓握，发展已有的抓握能力，这是他们创造性地运用工具来表达和生存的基础（Karmiloff-Smith，1994）。在游戏的过程中，婴儿手臂的动作带动了手指肌肉的发展，增强了他们在运动中的控制能力，同时，婴儿在游戏中获得的反馈也促进了动作的练习。另外，婴儿还喜欢测量距离和力量，在此过程中，他们的知觉和运动神经也逐渐变得更加协调（Gopnik et al.，1999）。

克劳迪娅（3个月）正躺在小床上，突然，她被系在床上的金属茶匙打到了。茶匙发出的哗啦声和摆动吸引了她的注意力，于是她开始一遍又一遍地玩起茶匙来。

当婴儿学会抓握以后，他们就会在游戏中通过手和嘴巴去探究物体。卡米洛夫-史密斯（Karmiloff-Smith，1994）指出，人类大脑皮层发育的第一个领域就是控制口腔、舌头和嘴唇的神经的发展，这个领域控制着人的有意识行为。嘴唇神经末梢的数量是手指的两倍，它们能够给予儿童关于物体形状、质地和大小的反馈。在第六章中我们将会看到，萨拉把嘴唇探究到的信息又进行了视觉辨认，从而认识了这一陌生的物体（Gopnik et al.，1999）。

婴儿的抓握能力变得熟练之后，他们的行动就会变得更加自如。例如，诺的抓握能力就已经很熟练了：

> 诺坐在自己的小床里，旁边塞满了一大堆玩具。他喊叫他的重要他人——大卫，大卫走过来，发现诺把玩具都扔到了地板上。他还脱掉袜子，并把袜子和玩具娃娃也扔到了小床外。大卫想把诺从床上抱走，但是他却不肯。令诺高兴的是，大卫知道他需要什么，他会把东西全部放回原处，这样诺就能再玩一次这个游戏。

以上游戏促进了诺大脑神经系统的发展，让他学会了控制、计划、预测以及当物体消失后记住它们的能力（客体永久性）（Gopnik et al.，1999）。

发展婴儿的抓握能力（通常在8～12个月时）同他们学会走路和说话一样重要，但是成人却常常忽略这一点。在尤娜的游戏中，我们可以看到她的抓握行为、转腰以及手眼协调的动作：

> 尤娜（2岁半）正在粘贴。她用一只手拿出一小盒彩色的碎纸片，用另一只手的大拇指和其他手指配合着把纸片一张一张地拿出来，并粘在了一张有黏性的大纸上。

现在她具备了运用一系列工具的基本能力，这促进了她的独立性的发展。这不但能够促进他们游戏能力的发展，而且能够帮助他们学习运用象征符号。

知觉理解和学习

婴儿的学习是以感官游戏经验为基础的，这些经验在大脑中形成突触联结。安妮特·卡米洛夫·史密斯认为，这是理解儿童发展的最基本观点；儿童通过大脑不断形成的结构与外部经验之间的相互作用而得以发展（1994）。

瑞塔·卡特（Rita Carter, 1999）对婴儿知觉行为中大脑与外部经验的相互作用进行了研究。婴儿主动发起的知觉经验会改变他们大脑的结构，这反过来也会影响他们对物体的知觉，从而使大脑建立起更复杂的突触网络。对于教师来说，要给儿童提供富于变化的适宜的游戏，使他们的大脑神经细胞之间联系更加丰富。

> 在了解了儿童知觉发展的特点后，詹妮特开始为婴儿提供感官游戏材料。在安静的婴儿区，詹妮特在墙根儿摆放了一些面部和黑白几何图形的图片，她还把钥匙、贝壳以及装有大米的密封盒子等许多物体在地毯上摆成一排。旁边还有丝瓜瓤和金属茶匙，詹妮特让婴儿对二者的质地、重量和温度进行了对比。她还拿出柠檬，让婴儿闻香味。

成人趋向于依赖视觉获得信息，但新生儿的视觉神经是感官系统中发展得最薄弱的部分。婴儿的眼睛喜欢追随倒影和移动的物体，这能够刺激他们大脑视觉区域的发展。当婴儿的视网膜成熟以后，他们才能更清楚地看到物体的位置和特征。该年龄阶段的婴儿不仅能够辨别人脸的轮廓，而且能够记住人脸的细节特征。

婴儿知觉系统的发展与其他系统之间是相互联系的。婴儿与照料者之间的相互作用为他们提供了看、闻、听和运动的方式。

教师认为在感官游戏经验中，声音、味道和气味经常被忽视。婴儿的听力在出生时就到达了成人的水平，而声音和气味是婴儿辨别熟悉的人和陌生人的一种重要途径。

> 了解了这些之后，詹妮特开始重新学习照料婴儿。她首先请父母教她怎样摇晃、安慰和哄婴儿入睡，还用清洁剂清除了婴儿床的味道，如果给一个陌生的、焦虑的男孩

喂饭时，她还会让他躺在妈妈穿过的 T 恤上。

上述例子说明，婴儿能够识别成人熟悉的触摸，他们的感觉器官使他们不用看就知道双臂在哪里。

婴儿能够通过感官所获得的信息来识别和回忆人物特征，这表明他们在早期出现了基本的认知记忆过程。正如我们在第二章中对比莉的观察，知觉记忆能帮助婴儿回忆。6 个月大的婴儿就能记住某些事件，如果日后出现相似的人或者物，就能唤起他们两年前的记忆。例如，一个 2 岁半的幼儿回到了自己 6 个月大时待过的实验室，他不像其他幼儿一样去寻找以前的玩具，但如果他听到物体发出的熟悉的声音，就会唤起他的游戏经验（Perris et al.，1990）。

同样地，许多成人也会受到某种气味或声音的刺激，从而清晰地回忆起可怕的经历，这反映了大脑神经在这些区域的密切联结。

> 莉迪娅是一个 2 个月大的婴儿，当她哭的时候，只要一听到歌声就能安静下来。她的母亲曾是一位歌唱家和钢琴家，于是音乐就成为她经验的重要组成部分。

关于婴儿运动性、灵活性、知觉和大脑发展之间联系的知识在不断丰富着，这与皮亚杰的感官—运动经验理论相一致，也是解释像雷之一样的儿童的行为的理论基础，他在花园里的积极探究是他获得知识的主要途径。

像尤娜、诺、雷之、托米这类儿童，他们学习的核心都是主动的、动手做的游戏经验。在游戏的过程中，他们在大脑中创造着有意义的形象，从而为思维的发展奠定了坚实的基础，也为抽象的观点、语言、数字或字母的象征性表征的发展提供了支持。

Key times for play

转变成人对身体运动游戏的看法

发泄剩余精力的游戏

儿童的身体运动游戏并非一直被认为是有价值的。19 世纪末，斯宾塞（Spencer）仅仅把游戏看做是释放剩余精力的途径。他认为，由于现在人们不再需要狩猎或战争，于是通过游戏的方式释放剩余精力（1878）。幼儿，特别是刚学会运动的幼儿，看上去似乎真有些精力过剩，以至于需要释放精力，但这是对身体运动游戏的一种片面的观点，会对我们的教育实践产生负面影响。

如果 0～3 岁幼儿的教师认同剩余精力的观点，那么为了让婴儿能够专心地坐在教室里进行有价值的室内活动，或许他会首先带着他们到花园里游戏一会儿，或者把婴儿抱出手推车，让他们先把过多的精力消耗掉。由此将会导致户外活动的计划性不强、资源不够，缺乏室内身体活动。然而对于教师来说，不给婴儿和学步儿提供身体运动游戏的机会和支持，会违背他们的兴趣，并削弱他们努力探究世界的基础。

皮亚杰和感觉运动阶段的游戏

运动类的游戏是成人最早参与的婴儿游戏类型。婴儿坐在成人的双膝上晃动，和成人一起拍手，一起玩躲猫猫的游戏。在这个过程中，成人和婴儿相互注视，不断发起、延长或停止游戏等，婴儿会表现得异常活跃。他们有时也会独自进行运动，通过扭动身体、踢腿等享受其中的快乐。

在感觉运动的第二阶段，大约在婴儿 2 个月时，皮亚杰（1962）就看到了婴儿参与的游戏。他观察到，婴儿作为发起者，在努力地使环境变得更有意义，并在运动的过程中创造了图式。皮亚杰认为，儿童的认知发展要通过同化和顺应的作用。同化是用存在的图式来解释世界。顺应可以使已有的图式因新经验的介入发生转变。由于顺应的过程需要儿童对经验的理解，因此游戏主要是同化、重复儿童的实践经验。我们经常会观察到，最初，婴儿和学步儿在利用身体探究事物时，总会经历激烈的挣扎阶段，但此后却可以愉快地重复这个游戏，皮亚杰称之为儿童已掌握了这个游戏（1962）。

研究者已经观察到，在高质量的幼教机构中，这类游戏每天都会得到有效的支持。尽管我们批判皮亚杰理论在某些方面存在缺陷，但是该理论最重视实践活动，它是目前关于身体运动游戏的核心理论基础。皮亚杰对当前的早期教育课程产生了巨大的影响，他认为儿童是通过在环境中自由的游戏来学习（1962），其中，教师的重要作用是为婴儿和学步儿的探究创设丰富的刺激性的环境，这是0~3岁幼儿课程的基础。但是，如果不能充分认识成人是环境的重要组成部分，当需要教师担任合作者、促进者、提供者和观察者时，或许他们只会"袖手旁观"。

身体运动游戏、发展和学习三者之间的联系

莫利·戴维斯（Molly Davies，1995，2002）认为，儿童的"运动欲望是与生俱来的，正如他们对食物、水、休息和睡眠的欲望一样，应该引起成人的重视"。满足儿童对食物和水的欲望能够促使他们在大小、体重、力量和高度等方面的成长；通过给儿童提供身体运动游戏的机会，满足儿童对运动的欲望，可以促进他们身体的发展。姆德（Maude，2001）认为，"通过这个过程，儿童习得了协调性、运动的技巧和能力，使身体素质得以提高"。由此，对儿童其他领域的发展也会产生直接的影响。身体运动游戏还会对儿童的自我概念产生重大的影响。通过对雷之的观察，我们还可以发现他在不断地练习自身的敏捷性和灵活性后的变化，就像成人在提高身体运动技能的过程中，心理各方面也受益一样，通过运动，

成人变得思维更清晰、对自己的身体感到骄傲，在工作中也会变得更加自信。因此，为0～3岁幼儿提供丰富的、与他们的年龄特点相符的身体游戏机会是非常重要的。

为0～3岁的幼儿提供身体运动游戏的人或许认识不到阅读的重要性。但是已有研究发现：平衡的、精细的运动技能和阅读能力之间存在着联系。研究发现，如果儿童有学习困难和阅读障碍，那么他们的手眼协调和平衡能力的发展往往也比较弱。另外，在婴儿早期身体运动的项目中也发现，当婴儿四脚朝天地躺着或爬行时，通过躯体的伸展，会极大地提高他们的阅读能力（Goddard，2002）。究其原因，也许儿童产生的积极心理因素会激励他们去坚持完成困难的任务。如果这种联系确实存在，那么给婴儿和学步儿提供游戏经验而锻炼他们的身体技能就变得更为重要。

成人在身体运动游戏中的作用

安全和危险、自信和害怕

重要他人的角色与幼儿身体和情感的发展有关，他们可以支持幼儿的身体发展和游戏，使幼儿变得更加自信。对于教师来说，应该让儿童认识到游戏中可能存在的危险，这是非常重要的，但不能给儿童施加不必要的限制，或者由于自己的恐惧而不让儿童进行身体的探究。当婴儿或学步儿在远离成人的地方探究时，成人要给他们反馈，因为儿童需要感受到成人的担忧，他们往往认为在成人附近进行游戏才是安全的。成人往往对女孩传递这类信息多于男孩。成人向凯特传递了如下信息（Whyte，1983）：

凯特（12个月）穿过门爬上了攀登架。这周她已经是第三次爬斜坡了，她的重要他人在旁边看着她。当凯特到达顶部时，重要他人将保护垫挪到设备旁边，并站在攀登架附近。凯特慢慢站起来，先用一只手使自己平衡，接着又放开另一只手，并发出了兴奋的笑声；她挪动着一条腿，接近平台的边缘，接着她又回到了底部。她一直盯着重要他人，重要他人正伸着手，向她微笑，并帮助她滑下来。

当凯特在进行身体挑战时，她真切地感受到重要他人对她的支持。重要他人协调了保护凯特和允许她探究这两种需求之间的平衡。这为正处于大胆冒险期的凯特提供了一个稳定的探究基础。

教师往往认为安全是最重要的，但过于安全的环境往往会缺乏挑战。儿童会因此变得厌倦、易怒，甚至还会进行一些教师所禁止的活动，例如，擅自离开房间或爬上桌子。

团队合作

互相尊重和支持的教师会发现，这会帮助他们更好地解决以下冲突：即为重要儿童提供安全基地的同时，又要从整体上把握儿童的游戏环境，为富有好奇心、探究性的儿童提供挑战。下面的例子显示了这一点是如何做到的：

> 经过讨论以后，教师们决定分工合作，分别担任每天上午和下午的处理者。其中一个管理者负责接电话、处理杂事等，当儿童把环境弄乱以后重新收拾，而另外两个人则专心与儿童游戏。
>
> （Manning-Morton & Thorp，2001）

观察与思考

教师要在实践中仔细观察和思考儿童的游戏，以增进对他们的了解，从而让儿童参与新的挑战，为他们提供更多的游戏资源和练习身体技能的机会。在这个过程中，教师要学会判断婴儿或学步儿何时才真正需要帮助，从而最大限度地帮助他们独立。教师还要关注儿童所喜欢的有关身体接触的游戏，例如，刮鼻子、突然被抱住、被抓住双手、打斗游戏等，教师要对儿童所发出的信号有所反应，并注意控制自己的消极情绪。当儿童拒绝被拥抱时，成人或许会有不恰当的评论，例如，"哦，你不再爱我了吗？我现在要哭了。"教师首先要尊重儿童开始、停止、拒绝等身体交往的权利，才能为人与人之间的身体交往提供良好的榜样（Manning-Morton & Thorp，2001）。

父母与教师之间的合作关系

教师必须重视儿童家庭在身体表达或情感方面的文化差异。首先要了解彼此（教师和家长）的期望，以及他们对于婴儿或学步儿身体运动游戏的担心，这是很重要的，因为教师和父母之间信息的不对称会使儿童感到困惑，甚至破坏他们的自信心。

> 吉娜（20个月）在家吃饭的时候总是被母亲喂，而她的重要他人埃尼拉认为，吉娜的年龄不小了，应该自己吃。吉娜刚开始吃得很费力，但进步得很快。

在这一案例中我们发现，吉娜能够适应父母和重要他人对待她吃饭问题的不同方式。但家园之间仍旧存在着冲突，例如，当吉娜在家里要求自己吃饭时，她会经常被告知"那是脏的"，于是父母会继续给她喂饭；而当吉娜在托儿所里等待被成人喂时，等了很长的时间，教师却认为吉娜太懒惰，而不肯自己吃。

通过对雷之的观察，我们可以发现，他的父母担心雷之的身体健康，教师认真地倾听和尊重了他们的想法。教师与父母之间达成了共识，最终使雷之从家园建立的信任关系中获益。

0～3岁幼儿积极活跃的游戏经验

儿童身体的发展对其各方面包括大脑的发展都是非常重要的，因此，该年龄群体儿童的教师要为他们提供各种各样的、能够支持和促进他们身体发展的游戏经验。

姆德（2001）建议，应该为儿童提供以下几个方面的身体运动游戏的机会：

- 发展动力、节奏感和运动感；
- 发展操作物体的灵活性和技能；
- 发展手眼协调能力；
- 发展身体和空间意识，感知自身的能力与局限。

以上目标可以作为一种参考，可作为教师为0～3岁幼儿提供或评价游戏经验的指南。

不断练习的机会

为了提高自身的身体技能，婴儿和学步儿需要大量的练习。喜欢重复的运动是婴儿和学步儿的一个重要特征。试想，如果回忆一下我们的身体技能，如学习开车，就会发现，最有效的学习方式是拥有丰富的练习机会以及在不同环境中的亲自尝试。因此，在托儿所里，教师应该花费大量的时间为儿童提供身体游戏的各种资源，让他们有大量的室内与室外游戏的机会，从而使他们变得更敏捷，对自己的身体更自信。

同样地，精细动作技能，如绘画、倒水，需要不断地重复练习，因此，工作区域中应该常备基本的工具和材料。教师如果能够为幼儿提供运用这些技能的不同和多样的机会，那么他们将变得更有能力，其兴趣和自信心也会不断得到提高。自信心的提升会激发幼儿进一步操作的动力。在新材料旁边同时放一些基本材料，既可以让幼儿完成一些挑战性不大的任务，也能照顾群体中幼儿能力发展的差异。

婴儿和学步儿喜欢的身体活动

如果一个人对某物或某事感兴趣的话，那么他学到的就会越来越多，并且更加愿意参与到活动中去。照料过0～3岁幼儿的人都会知道：一个婴儿或学步儿在摆弄一个盒子，当给他一个新的昂贵的玩具时，他仅仅是瞥了一眼，然后继续花20分钟的时间去专心探究这个盒子。表3.1中列出了一些婴儿和学步儿喜爱的身体运动游戏，但并非囊括了所有的内容。

儿童通过以下这些方式进行室内和室外游戏，发展大肌肉和小肌肉的动作以及知觉和认知等技能。在游戏的过程中，幼儿还能掌握客体永久性，了解容积、方位、重量、阻力、引力等更多的知识。

表3.1 一些婴儿和学步儿喜爱的身体运动游戏

做鬼脸、发出响声、重击、翻倒、装满
收集、运输、排列物体、把自己或物体围起来
推、拉、扔物体
把自己或物体放在其他物体的上面、下面、里面、后面
把自己或物体藏起来
摇来摇去、滑下来、平衡、旋转、跟随、跳舞、跑、翻身

促进身体运动游戏的资源

表3.2描述了不同能力的儿童在不同水平上所喜欢的游戏资源。成人要为儿童提供开放式的经验，让他们在具有创造性和操作性的活动中探究不同的图式。各种材料，如空容器，以及其他具有启发性的游戏资源（Goldschmied & Jackson，1994），都可以扩展到表3.2中，从而让儿童进行运输、包裹、排列、收集和分发等游戏。

表 3.2 促进身体运动游戏的资源

空心管子

用一块窗帘代替小橱柜的门

小的滑梯和攀登架

帐篷、隧道、非常大的纸板盒子

手推车、童车、三轮车

能够为儿童提供富有挑战性的爬行经验的垫子

可以让儿童拉的带细绳的空盒子和管子

挂在低矮镜子前的木条

儿童对游戏材料的选择取决于他们的兴趣、安全使用材料的能力以及可获得的成人的支持。例如，百宝箱中的又大又光滑的卵石（Goldschmied & Jackson，1994）对于还不会投掷的儿童来说是安全的，特别是当有成人坐在附近的时候。然而对于一个年龄稍长的儿童来说，他是一个热情的投掷者，想抓住每个练习投掷的机会，因此，在他探究这一物体时就需要成人的密切"监督"。投掷是一项很有趣的活动和需要鼓励儿童去练习的技能，但是我们也应该帮助他们选择投掷的物品和地点。

达伦（19个月）喜欢投掷。他的重要他人为他准备了一些特别的投掷物，包括羊毛包包、捏的纸球和海绵。如果达伦想扔积木或者其他不合适的东西时，教师就会说："不，达伦，谢谢你，你的特别投掷物在哪儿呀？"除此之外，达伦还可以在花园里用球、豆包和靶子进行投掷活动。

不久，学步儿就会遵守成人提出的规则，而用安全替代品投掷。

装扮游戏资源

儿童在娃娃家中进行的装扮游戏能够促进其大肌肉动作和小肌肉精细动作的发展。越小的儿童，其手指运动越不灵活。表3.3所示的内容是学步儿喜爱的娃娃家游戏资源。

表 3.3　装扮游戏资源

成人用的炖锅、漏勺、刻度水壶、茶壶、席子、大尿布、床、扫帚、拖把、木制茶匙、塑料餐具、帽子、背包、腰包、围巾、靴子和拖鞋

打斗游戏

儿童喜欢被成人举起或摇晃，也同样喜欢激烈的打斗游戏。当婴儿能感觉到安全时，他们才会喜欢激烈的运动。成人把婴儿举高，然后再慢慢地把他们放下来，晃动他们，让他们在自己双膝上弹跳，这些都会让婴儿异常兴奋。另外，追逐和抓握的游戏，让学步儿从墙头上蹦到成人的怀中，成人和幼儿一起跳舞和转圈，这些都是既安全又丰富的运动经验。这些游戏通常都很有节奏，即使非常幼小的儿童也能够承受。戴维斯（Davies，1995，2002）举了下面的例子：

> 成人在离婴儿较远的地方移动，当他们之间越来越接近的时候，成人突然加快速度把婴儿抱起来，婴儿则会非常兴奋。

由此可见，仅仅期望婴儿和学步儿安安静静地待着并不是最佳的照料方式，还要考虑到照料的场所、时机、足够的空间，以及教师的身体素质，避免过度兴奋或者乐极生悲。

随音乐而动

上述游戏反映了婴儿和学步儿对于身体节奏的理解（Treva-rthan & Malloch，2002）。如果有歌曲伴奏，幼儿就会很容易学会动作，他们甚至在会唱歌之前就能随着音乐节奏运动。优秀的教师会在一天中给婴儿和学步儿创造丰富的游戏机会，例如移动身体、打节奏、唱歌等。关键期录像（Manning-Morton & Thorp，2001）表明，维多利亚对双手敲打滑梯很感兴趣，整个花园都充满着打击节奏的声音，每个物体——树、桶、墙和箱子——都在和着这种节奏而发出了不同的声音。

在托儿所中，集体歌唱的活动没能引起教师的重视，这一活动只有在整理和午餐交流的过渡时间才能进行。婴儿和学步儿对模仿教师和同伴都很感兴趣，因此，不管是幼儿之间自发的，还是教师专门计划的音乐和歌曲活动，对他们来说都是有价值的。通过这些活动，幼儿能够学习节奏、押韵、用行为和表情扮演动物、表现活动和表达情感等，从而使自己的技能变得更加娴熟。另外，教师还可以让幼儿进行自由的演唱和歌谣的游戏，让他们从中学习轮流和合作，例如，"熊喜爱蜂蜜是不是很有趣"和"手牵手围成圈"等。

总之，教师要合理地安排幼儿有组织的和自由的室内、室外的身体运动游戏，这是非常重要的。幼儿游戏的时间不能被过多的日常照料和清洁活动的环节所占据。高质量的自由的身体运动游戏应该由婴儿或学步儿发起，教师的角色则是参与游戏、提供支持性的资源以及对游戏进行扩展。

第四章 0～3岁幼儿在游戏、成长和学习中了解自己和他人

了解社会性游戏的环境

　　普勒特、杰克（2岁半）、重要他人苏以及其他两个儿童围坐在午餐桌边。这时，普勒特站了起来，拿起扫帚扫掉在地上的米粒，杰克一边指着正在扫地的普勒特，一边对苏讲普勒特正在做的事情。当普勒特又坐下来时，杰克用手轻轻摸了摸她的腿，并开始大笑起来。"他抓住我的脚了"，普勒特咯咯地笑着说。

　　"他在咯吱你的脚吗?"苏惊奇地问。杰克又摸了摸普勒特的腿，笑得几乎要从椅子上摔下来，接着他们又一起咯咯地笑起来。杰克拍了拍手，"哦，小心!"苏关切地说。杰克又咯吱了一下普勒特，他们又一起咯咯地笑了起来。

　　"好玩、好玩、真好玩!"另一个孩子说。

　　"你是在咯吱普勒特吗?"苏假装很惊恐地问。他又那样做了一次，普勒特实在受不了了，笑得在椅子上转了一圈。"他对你做了什么?"苏问普勒特。

　　"他在咯吱我。"

　　"他是咯吱你的腿了吗? 杰克，你是在咯吱普勒特的腿吗?"苏笑着对他俩说。

另一个儿童开始分甜点了，他俩的游戏还在继续着。杰克去了趟厕所，回来后又开始咯吱普勒特。吃布丁时，普勒特嘟囔着把脸转到了另一边。过了一会儿，杰克又那样做，普勒特气得不理他了。苏注意看普勒特的反应，普勒特也在看着她，并抱怨"杰克在咯吱我的腿"。

"让杰克住手，不要再这样做了！"苏说。

"住手，杰克。"普勒特抓住杰克的胳膊说。

"不要再咯吱普勒特了。"苏说。普勒特冲杰克点头。于是，他们继续吃饭，并开始谈论另一个儿童的妹妹。

（关键期录像，2001）

社会人

传统的观点认为，婴儿和学步儿只喜欢自己玩耍（Paren，1932），他们很难去自我中心或站在他人的角度看问题（Piaget，1969）。但最近丹恩和肯迪莱克（Dunn & Kendrick，1982）对儿童的移情能力进行了研究，其结果表明，儿童能够通过与他人的游戏提高自己的社交能力。

特里瓦兰（Trevarthan，1995）指出，如果认为儿童是自我中心的且"生理和心理分离"的，那么就会把儿童的社会化过程看做一个训练的过程，是个体为了与他人相处，而被迫去改变自己。相反，特里瓦兰认为，婴儿是"天生的同伴和合作者"（1995），他们自出生之日起就准备分享他人的思想与情感，从而进行学习，因此，儿童、成人和同伴三者之间彼此适应、关系融洽，这样进行的情感交流对促进儿童的认知和社交能力的发展具有积极作用。

在上述观察咯吱游戏中，刚开始普勒特和杰克做着同样的事，后来他们的观点和感受却发生了变化，但重要他人却一直在敏感地支持着他们，通过游戏促进他们彼此之间的了解。在第二章中我们知道，婴儿在与依恋者形成的亲密关系中进行情感学习，这是婴儿形成自我感知和人际交往能力的基础。如果父母或重要他人给予儿童的反应能让他们感觉到爱和安全，那么他们在社交游戏中也会变得更自信。正如上述观察一样，重要他人积极回应了普勒特和杰克的游戏，他们也因此变得更自信了。

由此可见，在游戏的过程中，幼儿能够逐渐学会了解自己和他人的感受和需要。作为一个独立的个体，他们在与成人建立的亲密关系中得到反馈，从而逐渐形成自我概念。幼儿对自我的认识将会影响他们的人际交往、看待新经验的态度以及他们对待学习的态度、游戏的方式等。

了解自我

刚出生的婴儿往往把自己当做母亲的一部分，同时也把母亲当做自己的一部分。在最初的几个月里，他们意识不到自己的反应能力，但新生儿能够模仿成人吐舌头，这意味着他们能够把看到的转化成行动，表明他们产生了无意识水平上的自我意识（Gopnik et al.，1999）。

9个月左右的婴儿开始对自己镜子里的模样感兴趣，并喜欢与它们玩，但这并非说明他们已经认识了自己；6～9个月之后的婴儿才会在照镜子时触摸自己的脸，而不再去抓镜像。他们喜欢看照片和录像里的自己，当提到自己时，他们会直接说自己的名字（Smith et al.，1998）。

> 贾斯廷（14个月）正在做游戏（Goldschmied，1994）。他坐在凳子上，两腿之间夹着一个罐子，他把罐子晃来晃去，并不时地用双手猛击它。贾斯廷微笑着，还不停地去抓他在镜子里的镜像，他一边重击罐子，一边看镜子里的自己。后来，贾斯廷爬到镜子上，拍着镜子里的自己说"贾斯廷"，接着又继续敲起镜子来。

我到底是谁？我的外表与内心到底有什么联系？对于这些问题，儿童往往很感兴趣，这与儿童自我概念的形成有关，并会在他们的游戏中表现出来。学步儿能够迅速获得一些身体技能，这使得他们在游戏的过程中往往把身体看做最重要的部分。他们喜欢探究自身，喜欢享受自己力所能及的事情，并对事情的结果感兴趣，包括玩弄自己的鼻涕或尿布上的东西等。学步儿对自己和他人具有天生的好奇心，父母或教师对学步儿这一行为的反应决定了他们对身体感到骄傲和愉快的程度。在本章一开始的观察中，苏通过面部表情和评论表达了他对普勒特和杰克游戏的接纳，但她也教导他们要尊重彼此身体的隐私。

儿童对性别、种族和能力的意识

儿童通过以下三个因素的相互作用建构自我概念：

- 与自己身体相关的经验；
- 与社会环境相关的经验；
- 认知发展阶段。

当学步儿开始观察自己和他人的身体时，就产生了性别和种族的意识。2 岁左右的幼儿就能够运用性别标签，他们开始学习颜色的名称，并把它与肤色联系起来。这时，儿童也开始注意身体的差异和不同家庭类型的差异（Derman-Sparks，1989）。

2 岁的幼儿基本能够分辨男孩和女孩，但是某些外部特征，例如，头发的颜色或衣服等，往往让他们感到迷惑不解。他们经常认为自己既可以是男孩也可以是女孩，例如，有时候男孩会在游戏中扮演怀孕，而女孩则会有一个外生殖器。在这些游戏中，儿童能够超越自己的生理特征和限制。在融合教育机构中，他们逐渐了解自己和他人的能力和缺陷，例如：

比莉（2 岁半）和麦格（2 岁半）有着深厚的友谊。

Key times for play

尽管由于麦格脑瘫而不能说话，但他们能够相互交流和游戏，并喜欢彼此的陪伴。比莉的妈妈说比莉经常在游戏中把自己当成"麦格"，在家的时候，她经常要求被抱着，或者站着的时候还要用一块坚硬的木板撑着。比莉的重要他人同意她妈妈的看法，她认为这并不意味着比莉在嘲笑麦格，或者她不想进步，比莉正在游戏中学习着重要的事情：残疾人应该是什么样子的。

我们一般认为儿童"太小了而不值得注意"，其实恰恰相反，该年龄阶段是儿童认识自我和接纳多样性的关键时期。

偏见和压抑的影响

学步儿不但能够注意到人与人之间的差异性，而且他们还会将获得的线索进行区分，并且通过建构性的评价标准对其进行分类，从而促进性别一致性和态度的发展。对于 3 岁幼儿来说，成人陈腐的观点和偏见会影响他们自我概念的形成，影响他们对人与人之间差异性的态度，他们或许会在游戏中对性别、种族或缺乏能力表现出"前偏见"（Derman-Sparks，1989），但这些行为往往被人忽视，例如，不想和黑人孩子挨着坐，不让女孩骑车，以及拒绝和残疾儿童握手等。

儿童在发展的过程中都会受到偏见和压抑的影响。体能歧视（认为健全人比残疾人有更大的价值）剥夺了残疾儿童游戏的机会，阻碍了他们良好的自我概念的建立，并且容易让正常儿童产生一种优越感的错觉。

成人对儿童性别的刻板印象限制了他们游戏的范围。鲁宾等人（Rubin et al.，1974）认为，在婴儿出生后的 24 小时内，父母（或照料者）对男婴和女婴的期望不同，与他们进行的游戏也不同，例如，成人对女孩的交谈和微笑常多于男孩，这是一种对其早期社交技能发展的鼓励。男孩经常被成人举高，女孩则被放在成人身边。成人经常让男孩接触更多粗犷的游戏，并有更多冒险的机会（Smith & Lloyd，1978）。许多婴幼儿的玩具也在向他们传递着有关"女性"或"男性"的信息——试想一下鸭子穿裙子或戴围裙以及小熊穿裤子的形象。

儿童在很小的时候就理解了性别的差异，同样，斯雷-贝特福德（Siraj-Blatchford，1994）认为，儿童对于种族差异的理解与种族群体的积极和消极情感也产生于幼年时期。巴比特·布朗（Babette Brown，2001）指出，应该利用玩偶帮助该年龄阶段的儿童理解偏见与歧视，这是非常重要的，因为不论儿童的种族或文化背景如何，种族冲突的存在都不利于他们的发展。对于白人儿童来说，会影响他们的推理能力、判断能力、对现实的知觉能力以及对自我的认识；对于少数民族儿童来说，会影响他们的自尊心和自信心的发展。研究发现，儿童高度的自尊心与较好的学业成绩有关（Purkey，1970）。

要让所有儿童感受到被社会所接纳和认可，就应当重视每个儿童在群体中的社会背景，其中包括在社会中经常被忽视的因素，例如，谁是穷人、谁是难民、谁来自劳工阶级、谁来自单亲家庭或同性恋家庭——通常，我们在儿童的书本、歌曲和游戏环境中看不到这些。如果婴幼儿关于社会生活的经验比已知的更广泛，他们能够在早期吸收社会生活中的文化和理念，这对于与0~3岁幼儿打交道的人来说具有重要意义。因此，教师首先要了解婴幼儿不同的文化和家庭价值观，然后为之提供连续的经验，同时不断反思自己的实践活动以及在此基础上所做的假设，这是非常重要的。

理解他人

婴儿出生以后，为了尽快融入新的世界中，其与生俱来的知觉能力的发展非常迅速。婴儿的听力发展也很快，他们已经习惯了声音，在子宫里的时候他们就听到过母亲的声音。婴儿的跟踪反射导致他们喜欢跟着别人运动，尤其是对感兴趣的人类运动。尽管在所有的感觉中婴儿的视觉发展得最慢，但当成人把他们抱在怀里或者喂他们吃母乳时，小婴儿的视线就能够聚焦于成人的面部，随之他们逐渐适应了人类面部的轮廓和形状（Gopnik et al.，1999）。

婴儿上述能力的发展成为他们在游戏中对他人想法与情感的理解的基础。这种理解通常在心理发展理论中有所提及，它是人类所独有的，奠定了人类所有关系的基础（Gopnik et al.，1999；Bee，2000）。作为成人，我们经常在生活中根据自己的情感经验去猜测他人在不同情形中可能会作出的反应，但也经常犯错误。对于3岁左右的幼儿来说，这种终身学习的技能始于学校的社会关系，在游戏的过程中他们逐渐学会理解他人。

婴儿能够理解成人的情感表达方式。如果看到成人无聊或失望的表情，婴儿也会变得不安，并且想通过转移注意力而避开这种注视（Trevarthan，1993）。婴儿很小就开始对彼此感兴趣；他们在游戏中互相观看，注视对方的脸，通过动嘴唇、手臂和腿部等动作给予对方反馈。对于其他婴儿的哭闹，他们也会有所反应甚至变得不安。幼儿教师经常会有这样的经历：如果在一个群体里一个婴儿开始哭，其他婴儿也会跟着哭起来。

在给父母或重要他人反馈时，婴儿对于成人的表情和情境的理解能力也在不断提高，他们会根据成人的表情判断游戏情形的好坏，或者他们想做的事是否被允许。最初的时候，幼小的学步儿也许仅仅是对别人的哭泣感到好奇，之后则变成了自己放声大哭。当学步儿的自我感觉更加清晰以后，正如对镜子游戏的反应一样，他们就会表现出对他人情感的理解，即移情。他们或许会给心情失落的朋友一张纸巾，或许会谈论他人的情感。朱迪·顿认为，尽管3岁幼儿的语言技能有限，但是他们能够惊人地察觉、预期和回应同伴的情感反应（1988）。

4个月大的阿莎在婴儿室里，她看上去烦躁不安。比莉（16个月）在她的椅子后边摇晃着，直到阿莎安静下来。

儿童的移情能力与安全感相联系。如果儿童与重要他人形成了安全的依恋，他们就会更懂得分享他人的情感（Talay-Ongen，1998）。

学步儿的社会性和情绪的发展仍然是很不稳定的，他们所表现出的"同情"很快就会消失，甚至出现相反的行为。由于学步儿仍然在继续学习"我"的概念，因此不能持续地理解他人的需要。也就是说，尽管他们善于分配和收集，但不能完全理解诸如分享之类的社会概念。例如：

玛缇达（2岁）有一袋多普乐积木，她把这些积木分给娃娃家里的同伴。后来她想收回这些积木，大多数幼儿都还给了她，只有露丝拒绝了。于是，教师只好拿出垫子上的多普乐积木，分给了他们俩。

学步儿喜欢经常有其他儿童陪伴，喜欢跟随彼此和模仿彼此的游戏，喜欢成功之后一起欢笑。但是由于学步儿的社交技能有限，所以他们经常会因为空间或者玩具而发生冲突，甚至扭打在一起。当学步儿的词汇量不足以支持他们的交流和情感表达时，特别是他们的想法被别人误解或曲解时，他们就会感到非常沮丧。对于18个月大的婴儿来说，他们已经有了强烈的情感需要，如果不能用语言表达自己，他们就会通过身体来获得想要的东西。有时看到被自己推倒的幼儿哭泣时，他们会表现得很冷漠。但是学步儿往往更看重行为的结果，包括社会关系。

学步儿经常会假装哭泣，想以此来避免责备。有时他们还通过假装来说服成人带他们去公园，或者仅仅为了得到一块饼干。父母

Key times for play

和教师往往视幼儿的这种行为为诡计或欺骗，但在某种程度上，这是一种有意的而非恶意的行为。幼儿在游戏中练习这些行为，从而学会如何对他人产生影响，这是我们受用一生的技能。

在幼儿的成长过程中，如果他们和同伴保持着共同的兴趣爱好，并且长期在一起游戏，那么他们之间就会产生深厚的友谊。如果学步儿与同一组同伴保持了长期的关系，他们就会变得更受欢迎，会出现更多的社会性互动行为（Lieberman，1993）。因此，教师在对幼儿进行分组时应该考虑到这些研究结果。

发展自主感

在学步早期，学步儿自我概念的形成受到以下三个方面的影响：独立运动使学步儿能够支配运动的时间和地点；客体永久性的产生使他们在离开成人游戏时变得更加自信；对自我逐渐清晰的认识使学步儿开始做选择和决定。这些变化对学步儿一贯的游戏方式产生了很大的影响。

婴儿的依赖性是较强的，他们对成人比较顺从。与之相比，好动的学步儿对于自己游戏的同伴、时间、地点等都有一定的要求。如果这些要求与父母或重要他人的想法一致，就不会产生矛盾；但如果不一致时，就会发生冲突。到幼儿2岁时，他们也仅仅会服从父母提出的一半要求（Lieberman，1993）。

通过协商来协调儿童与成人的不同目标时，就能建立合作关系，从而达成妥协。学步儿最初的社交技能是不成熟的，当他们习惯性地想先满足自己的需要时，就经常会遭到成人的反对、否定和发怒（Lieberman，1993）。幼儿需要在不同的游戏情境中练习和反复巩固这些新技能，得到更多经验丰富的人的支持和引导。教师的任务就是要让幼儿在冲突的情境中学会协商。

成人和幼儿的冲突主要源于他们对时间和最终目标的理解。例如：

米兰达想赶在关门前到达邮局,但这似乎与身边的内森无关。内森刚刚学会走路,他对走路的过程和细节非常感兴趣,因此,他一直沿着墙根走,还在观察人行道上的蚂蚁。当米兰达催促他快走时,他挣脱开她的手,并坐到了人行道上,一动不动。

幼儿一直在努力锻炼自己做选择和决定的能力,因此,有时他们会对想做的事情说不,或者即使自己能力有限,也会拒绝别人的帮助。他们还经常改变主意,例如,在挑水果时,有些孩子会不停地改变主意,直到把盘子里的每个水果都摸了一遍。幼儿需要花时间来学会选择,练习的机会越多,能力就会变得越强。

在形成自主性和独立性的过程中,幼儿经常会感到困惑。在人生的头三年,他们的理解能力会得到很大的提高,但是,对于社会规则的理解还处于萌芽阶段:

> 刚开始,瑞斯把水盘里的壶灌满了水,并得到了成人的许可。后来他跑到浴室里,改用厕所里的奶瓶灌水时,成人的惊讶反应令他感到不解。

在这种情况下,有时幼儿能够理解所谓不可接受的行为,抵制住诱惑,但有时他们就会完全忘记。试着换个角度想一想,幼儿毕竟学到的很少,因此,成人也不必大惊小怪。

幼儿控制情感的能力也在不断提高。髓鞘化的过程强化了幼儿头脑中的联系,同样地,调节情感的神经细胞也在逐渐被髓鞘化,但到成人早期才能全部完成(Eliot, 1999)。这时,幼儿会经常表现出强大的自我控制力,但遇到情感性挫折、失败和沮丧时,他们又会失去控制。

幼儿经常故意发脾气,他们只是想引起成人的注意,或者得到自己想要的物品。对于幼儿的这些行为,成人往往提出非常苛刻的要求，但更为积极的方法是，在群体里给他们展示哪些是无效的、哪些是有效的方法，从而帮助他们认识到自己的错误，例如：

> 艾米（2岁）想要光着脚走到图书馆，于是她坐在地板上哭。
>
> 阿黛姆：我知道你想光着脚，但外面的石子儿会弄痛你的脚。你要么光着脚待在这里，要么穿上鞋和我们一起出去玩。你想怎么办？
>
> 艾米：光着脚出去玩。
>
> 阿黛姆：对不起，这不行。我告诉你该怎么做。你可以穿漂亮的运动鞋或者托儿所的红色长筒雨靴。待会儿我们出去的时候，你选择一双鞋穿上，还要把我们的名字写在外出本上，我们可以等你五分钟。

最后，艾米穿上长靴子，加入到小组中。

麦克（Mckay）认为，要仔细地分辨幼儿发脾气到底是想宣泄情感，还是一种为得到某种物品的策略。她还指出："照料者总是找很多理由，认为幼儿发脾气只是引起注意的一种方式而已……大多数幼儿情绪失控时，自己也会害怕，他们需要安慰和保证"（引自 Stonehouse，1988）。

斯腾豪斯（1988）认为，幼儿是"人类的杰作"，具体包括以下方面：

- 发现自己是独立的个体；
- 变得越来越自信；
- 正确对待自由和选择；
- 逐渐意识到自己行为的后果；
- 学会影响和劝说别人；
- 抵制权威。

随着时代的发展和生命的成长，我们仍然在继续学习和运用着这些经验。在幼儿 0～3 岁时，如果成人能够了解这些社会任务，敏感地给予幼儿以支持，则会增强他们日后应对困难的能力（Manning-Morton & Thorp，2000）。

与他人一起游戏

关于社会性游戏的观点

像皮亚杰一样，米德·帕顿（Mildred Parten，1932）也对儿童同伴游戏的发展阶段进行了划分。第一阶段为独立游戏，婴儿独自进行游戏，探究周围的环境，虽然也与其他婴儿接触，但更多地把对方作为探究的物体而很少有互动。这种游戏逐渐发展为平行游戏。儿童进行平行游戏时，彼此在一起游戏，相互密切地观察和模仿，但交往仅限于此。到第三年末，帕顿认为，儿童进入了协同游戏阶段。他们也许会一起游戏，但每个人都有自己的打算。他们在大多数时间里都能和平共处，除非因为使用同一个物品而产生争执，当然，其他人也能够加入到他们的游戏中。最后，出现了合作性游戏，儿童在共同的方案和假想游戏中一起分工合作，倾听彼此的想法，协商分配每个人在游戏中的角色。

蒂娜·布鲁斯对于同伴游戏"是从简单到复杂"发展的观点提出了质疑（Bruce & Meggitt，1996）。她把同伴游戏的发展比做是一个逐渐延伸的网络，例如，婴儿之间也会出现早期协同和合作性的游戏，如躲猫猫游戏，而年长儿童之间也会有独立和平行的游戏。

凯瑟琳·加维（Catherine Garvey）认为，与他人一起游戏是婴儿基本的活动，独自游戏也来源于此（1990）。婴儿第一个社会性游戏的同伴是最初的照料者，他们主要通过制造幽默的方式来让婴儿微笑或者大笑，但没有想到的是，成人的许多幽默具有不协调的特点，即有些事情是出乎意料的，而小婴儿已经能够分享这种幽默。在宽松的环境中，婴儿会对歪曲、夸张的事物大笑，例如，成人做鬼脸或假装把香蕉掉到地上。婴儿积极地参与并维持着这些游戏，随着他们不断成熟，还会积极地创造出更有趣的行为。环境的熟悉程度是引起这一反应的关键，当他们处在陌生的环境或与陌生人在一起时，则难以继续微笑，虽然他们可能会朝着不认识的儿童微笑。

在游戏中与他人交流

婴儿与成人的游戏是由成人控制的，与物的游戏是由自己控制的。但是他们与其他儿童之间的游戏，是很少被控制和预期的。婴儿不断增长的社会技能，包括对他人的理解、对自己与他人需要的平衡、对成人支持的敏感反应等，这些都决定了他们能否在游戏中取得成功。当有熟悉的成人在场时，0～3岁的幼儿与其他儿童交往时就会变得更加自信。

一般认为，婴儿和学步儿的游戏是阶段性发展的，从与物的游戏到与其他儿童的游戏，这也表明在此之前儿童对他人的兴趣不大。戈德凯米德和塞来克（Selleck，1996）的研究表明，小婴儿之间是通过动作和发音来相互交流的。同时，他们的研究还揭示了儿童如何独自探究物体，如何在游戏中与成人不断交换物体，以及当儿童不会说话时，如何通过物体进行交流。在游戏的过程中，幼儿为他人提供物体和相互模仿彼此使用物体的方式，这些行为都能够帮助他们建立与他人的友谊，表达对他人的善意和关心，学会分享等（Goldschmied & Selleck，1996）。

成人进行沟通的方式一般是相互交谈（尽管我们也玩壁球或一起拼凑东西）。对于幼儿来说，游戏就是他们的谈话。在游戏中，幼儿不用承担后果，他们可以犯错误或者冒险，游戏的玩伴一般都更有耐心。在游戏的情境中，幼儿学习了解他人和自己，学习如何表达自己的思想和意图，从而更好地与他人交流，对于幼儿来说，这是更为安全的一种学习方式。

社会性假装游戏

通常认为，儿童社会性游戏能力的发展始于 3 岁，这时，儿童开始参与到合作的假装游戏中。维果茨基（1966）认为，儿童从物体中分离出意义的能力，例如，用木块代表梳子、制造想象的情境等是游戏的标准。但是由于 0~3 岁幼儿的行为是由物体的性能来决定的，因此 3 岁以后的幼儿才会出现这种行为。韦尼克特（1971）与他人的观点不同，他认为，幼儿还会创造出过渡的物体。高奈（Göncü, 1993）也不认同维果茨基的观点，他认为，学步儿是在假装游戏的过程中才逐渐发展的合作能力。

儿童社会性假装游戏的最初形式是与同伴分享有意义的情感经验；这些经验通常围绕一个主题展开，例如，两个儿童在游戏中照顾宝宝，共同分享经验。幼儿的语言能力有限，因此，有时需要通过夸张的动作、姿势和面部表情等来表达自己的想法。在最初的15~20 个月，婴儿会模仿彼此的假装行为，然后这些行为才变得更加连续。到第三年时，幼儿开始参与到主题游戏中，并尝试互补的角色。朱迪·顿（1988）对 18 个月以上的幼儿和他们的兄弟姐妹参与假装游戏的情况进行了研究。她指出，3 岁幼儿在与年长的兄弟姐妹一起游戏时会变得更加合作。从上述观察中可以看出，儿童参与社会性假装游戏的能力与其符号性表征的能力一致，皮亚杰认为，这种表征能力出现在感觉运动发展阶段的末期（1962）。

在皮亚杰对游戏的划分中，象征游戏阶段后是规则游戏。然而有研究指出，规则游戏并不是后来才出现的，它自始至终都存在于儿童的游戏之中。躲猫猫游戏不只是一个普通的游戏，婴儿可以通过这个游戏与他人互动，探究情感和认知水平上的概念，例如，客体永久性、假装和真实等，但更重要的是，在这种游戏中，婴儿能够迅速地学会游戏规则和掌握游戏顺序（Bruner & Sherwood, 1975）。

Key times for play

对实践的启示

儿童同伴游戏的类型不仅受其年龄的影响，还受到其他诸多因素的制约，例如：

- 与同伴相处的经验；
- 儿童的语言发展水平；
- 儿童彼此了解的程度；
- 群体的大小；
- 儿童生理或心理上的感受；
- 成人的支持。

实际上，这也是影响成人在儿童群体中的作用的因素。教师要敏感地对待个体的儿童，了解影响每个儿童游戏的因素。正如布鲁斯和麦科特（Meggitt，1996）指出的，当儿童游戏的动机不同时，试图让他们分享玩具是没有意义的。以在娃娃家玩的两个儿童为例，一个在摆桌子，另一个在做馅饼。表面看来，摆桌子和烹饪工作是两件完全不同的事情，因此，成人应该为儿童提供另外一张桌子，或者其他可选择的工作，从而让儿童能够更加喜欢和同伴一起游戏。

斯莫路卡（Smolucha，1991）的研究表明，母亲为儿童游戏所做的示范会影响他们开始运用物体表征他物的年龄。斯雷德（Slade，1987）也发现，当母亲与12～24个月大的幼儿游戏时，他们象征/假装游戏的时间就会延长，游戏也会变得更复杂。这些研究结果表明，成人对幼儿游戏的积极参与和支持能够增强他们假装游戏的能力。

提及儿童的自我概念，教师往往认为，儿童的游戏是未来生活的准备，而不是为了使他们的经验变得更加有意义和整合（Bruce，1991）。这往往导致成人根据自己的好恶限制儿童的游戏类型，尤其是关于性别的观点，例如，反对男孩打扮自己，或者女孩疯跑喊叫。儿童选择的假装或象征性游戏的复杂程度与他们的思考能力直接相关。因此，作为幼儿游戏的合作者，教师需要慎重地考虑自己的角色，对于幼儿的游戏主题，教师是否能够提供有价值的反馈信息，这需要进一步的思考。

成人在支持0～3岁幼儿社会性游戏中的作用

在了解了幼儿个体和社会性发展与行为的相关知识后，成人会做得更好，包括：

- 提供适宜的游戏经验；
- 在游戏中与儿童产生共鸣和协商；
- 在游戏准备中支持多样化，反对偏见；
- 尽量使工作让人满意。

成为榜样

幼儿非常依赖那些教会自己应对新情境的人。他们已经开始学习接触不同语言、肤色、能力和性别的人。幼儿通过观察重要他人与其他儿童、父母、照料者、同事的交往而学习与人相处。这种学习不仅包括成人有意识的、外显的语言和行为，还包括成人沉默、注意力转移和回避的对象。

每个人都有自己独特的生活方式，提及多样性，不论教师的文化或宗教背景如何，他们都有责任去了解不同的生活方式，从而让儿童对差异性产生兴趣，让他们学会感受舒适。当教师观察到幼儿遇到困难时，可以在故事环节运用角色玩偶（Brown，2001），帮助幼儿理解彼此的感受和观点。

通过游戏建立分享的模式

教师如果与父母交流关于儿童语言和文化的信息，那么他们对儿童游戏的参与就会变得更有意义。试想，如果重要他人能够使用每一位幼儿在家庭中常用的重要词语，了解幼儿的文化和宗教生活中的重要事件，则会增强幼儿对于家庭和教育机构之间的连续感。

在儿童群体和社区里，教师要自信、开放地与儿童谈论关于种族、性别、能力和家庭的相似性与差异性。教师要对父母表示赞同，要会运用适当的词语来表达诸如生殖器等身体部位，这也是非常重要的。这不仅能帮助儿童增强对自我的认识，还能帮助他们在幼儿园中学会自我保护。为此，教师需要花时间去研究个人和专业的价值，需要参与关于重视多样性和反偏见的相关培训和讨论。

通过游戏支持友谊

在支持儿童社会性发展的过程中，教师应当重视鼓励儿童喜欢游戏中的伙伴。对于婴儿来说，教师通过不断放下和举起他们，能够增强他们之间的互动。教师鼓励幼儿之间的互动体现于在参与游戏的过程中为他们提供建议，使用适宜的语言去帮助他们表达需要、需求和想法。教师要了解重要儿童的友谊，为他们安排游戏的机会，并在日常生活中支持他们。对于学步儿来说，他们经常动作笨拙地去接近婴儿和同伴，这时如果教师给他们示范被期望的行为，例如，协商、尊重他人和温柔地抚摸他人等，他们就会学会适宜的交往方式。

欣赏积极的行为

为了对儿童在游戏中可能产生的冲突有所准备，教师首先要了解儿童彼此之间的关系，并在游戏时待在他们附近，冲突一旦发生，教师需要把儿童的注意力转向他们能做到的其他事情，而不是他们不能做的事情。这可以避免过度使用"不"这个字。在发展儿童积极的行为时，首先要让他们知道什么才是积极的行为，然后，行之有效的方法就是对儿童的亲社会行为大加赞赏，尤其要认同其行为的积极结果。因此，教师要密切关注幼儿的游戏环境，积极评价幼儿对他人的善良行为和关心，这能够帮助他们准确地理解自己的行为和后果。

伙伴关系

教师要与幼儿建立伙伴关系，而不是高高在上。伙伴关系建立以后，教师就能更轻松地应对学步儿的变化，而不易被卷入"战争"之中。当学步儿在进行选择和协商的尝试中出错时，教师要帮助他们了解并表达积极和消极的感受。教师要告诉儿童，在游戏中，何时同伴会由于疲劳或误解而产生冲突，要公平和灵活合理地运用规则，尽可能给儿童选择的机会。教师对儿童冲突等处理的方式要具有连贯性，以便于让儿童了解规则清晰的界限，但不是一成不变的，例如，即使成人的决定是错误的或不必要的，也不能放弃。如果成人的决定被证明是错误的，他们要乐于改正，从而让儿童学会与他人对话、协商、区分不同观点等（Lieberman，1993）。成人对移情和公平的反应能够帮助儿童找到自己处世的方式，他们将明白，在解决冲突时，是选择"武力"还是选择让步。

在探讨伙伴关系时，对于儿童群体不同行为的总体水平，教师也要反思自己在其中所起的作用。如果婴儿和学步儿经常在群体中"失控"，那么教师就要对其一天的常规、物质环境、游戏经验是否有利于儿童的发展等方面进行反思。同时，教师还要对儿童是否有连贯的重要他人进行监督，从而给儿童提供安全的基础。

支持自我纪律的发展

纪律，引导儿童的行为或对其进行约束，这能够帮助儿童学习如何照顾自己、他人和周围的世界。

（Greenman & Stonehouse，1996）

在实施上述实践时，为了更好地引导 0～3 岁幼儿的行为，教师要保证实践的连续性。通过游戏中的伙伴关系支持婴儿和学步儿社会性游戏的发展，能够帮助他们发展内在的控制力。在《关键期》（Manning-Morton & Thorp，2001）一书中，作者对此做了大量介绍。在正确引导儿童行为的过程中，教师需要了解自己的方法在多大程度上受到了自身童年经验的影响。我们往往有这样的经历：在小时候，由于行为和意愿不被允许，因此变得苦恼、厌烦或沮丧；或者，由于用不同的方法做事情而被惩罚。为什么特定的行为会干扰到他们，管教方式的利弊是什么，教师对于这些问题辨别得越清楚，就越容易衡量教师对儿童的反应应当是什么。此外，教师还要对不同儿童表现出的特定行为进行反思。自己是否存在性别、种族歧视？是否对正常的和残疾的儿童都一视同仁？是否对一些人更加通融，而对另一些人经常表现出拒绝？

在面对儿童的行为时，我经常对儿童之间诸如咬和打的情形感到烦恼，但真正惹恼我的是幼儿太被动，不能坚持自己的意见。我不得不思考，为什么幼儿的这些行为会让我如此烦恼，我认识到这是因为我年幼时也曾受到过威胁，我不希望这些孩子的行为勾起我当年的回忆。现在我明白了，我能够控制自己在那些情境中的行为。

（Manning-Morton & Thorp，2001）

在紧张的工作氛围中，教师需要控制自己的压力。然而，如果他们在某一场景中精疲力竭或正在失去控制，离开那个场景并积极寻求帮助是明智的做法。一些教师或许认为，如果自己不能处理好各种事情，则是教师的失败，因此，当情况对自己和儿童都不利时，他们坚持处理儿童的问题。由此看来，建立组织文化是非常必要的，在这一文化中能够让教师认识自己的不足和局限是有力量的表现，并且积极向管理者求助，从而得到支持，这一方面能避免儿童潜在的"危险",另一方面也能够减少员工精疲力竭的现象的发生。

同伴游戏中的积极经验

在游戏中了解彼此

通过观看 1 岁婴儿的交往录像（Goldschmied & Selleck，1996）可以发现，小婴儿对互相观看和触摸有着强烈的兴趣。如果成人把不会移动的婴儿放在一起，让他们彼此观看和触摸，就会增强这种兴趣。如果再把他们放在一个矮镜子旁边，就会发现，他们对看镜中的自己也很感兴趣。这个录像也表明，婴儿和学步儿喜欢打滚和爬来爬去，这种打闹游戏能够帮助他们探究身体的力量，学习与不同的人进行身体互动。教师在观察这样的婴儿时，不要阻止他们的爬行，除非会发生危险。当婴儿和学步儿一起翻跟头时，敏感的教师要能够增加他们的乐趣。

户外游戏

在提供适宜的游戏空间的情况下，户外游戏是儿童练习和熟练身体运动技能的好机会。0～3 岁工作小组的成员通过观察发现了户外游戏更深远的意义（Rowlett，2000）。其中提到，三轮车、拖斗车和有车轮的玩具曾经非常流行。对学步儿进行一段时间的观察后发现，他们的学车过程经历以下三个阶段：第一阶段是掌握控制三轮车、小卡车、手推车所需要的身体运动技能。第二阶段是模仿稍微熟练的车轮玩具的使用者。教师们观察到，几个学步儿正围着院子沿着一定的路线互相追随。第三阶段是成为领导者并参与假装游戏。我们看到其中一个幼儿正在讲述何时何地进行护送的事情（正如在第三章中对雷之的观察）。我们还能看到领导者在停止和宣布野餐的活动，或者他们正在车站玩。这让教师重新认识到车轮玩具的价值以及学步儿对此的大量需求，而在此之前他们完全低估了自行车游戏的价值。

儿童扮演社会角色的经验，例如，成为领导者或跟随者等，也受到其他方面的影响。例如：

> 塞姆（年仅3岁）自出生以来就没用过左手，所以他只会用一只手推三轮车，而无法和其他人一样推着车来回地快跑，这导致他在游戏中无法担任领导者，塞姆因此很悲伤和受到挫折。塞姆的妈妈为他买了单手控制的滑轮车。现在，塞姆不仅能和伙伴们一样跑得很快，而且他们对他既嫉妒又羡慕，因为他们都想推推他的单手滑轮车，但是他们并不能像塞姆一样很好地控制它，于是塞姆有时也能在游戏中担任领导者了。

参观、出游和项目活动

成人通过上课、参加集体旅行和做志愿者等活动，与他人一起做感兴趣的事情，从而建立友谊，于是就有了难忘和快乐的回忆，可以回忆起趣事、意外、新发现和恐怖的时刻等。同样地，婴儿和学步儿也喜欢出游，喜欢有新人加入他们的群体，或者和同伴一起出去活动。此时，成人要学会如何与此年龄阶段的儿童配合，共同活动的群体不必太大，这样婴儿和学步儿才能学到更多。例如：

> 四个儿童和两个成人一起上了一辆开往当地一家宠物店的公共汽车。他们带着照相机、水和从宠物商店附近的果蔬市场买的香蕉。这次旅行充满了值得回忆的事情。他们经常翻看那个小小的旅行相册，孩子们喜欢回忆那只鹦

鹅是怎样说话的，但最让他们难忘的事情是安迪（一个学生）的鼻子流血了。

在旅行的过程中，参加的人越多就会越复杂，成人和儿童就会更有压力，并且将有更多关于管理和安全的谈话，而不是关于儿童正在看什么和做什么的讨论。

通过创设以下情境能够增加婴儿和学步儿了解他人的机会，例如，客人带着宠物去托儿所，消防人员开来消防车，音乐家弹奏乐器，父母在房间给新生儿洗澡。但是这也需要合理的安排，因为总会有个别婴儿或学步儿对新经验或对人感到恐惧，另外幼儿只对能让自己积极游戏的部分感兴趣。

角色扮演游戏

稍大的学步儿和 2 岁的幼儿喜欢假装游戏，游戏的内容一般与他们熟悉的人或事以及最近的经历有关。游戏的材料非常广泛，例如，窗帘、塑料花、蝴蝶结、鞋、马甲等，都能够让他们尽情地享受诸如成人仪式和婚礼等家庭活动。他们可以与父母一起讨论细节，得到父母的建议，从而让游戏变得更加逼真。硬帽子和长管子能够帮助儿童扮演消防员。用积木搭出方形的水池则会激发他们玩游泳的游戏。儿童在游戏中重演最近的经历是非常有意义的，这为他们尝试不同的家庭经历、文化和宗教活动等提供了机会。

小组游戏

作为成人，我们不希望所面对的儿童的群体数量超过 12 个人。我们也需要放松，也需要和两三个密友在一起的时间。对于 0～3 岁的幼儿来说，12 个人是一般性的群体规模，他们需要与较少的人在一起，以免影响游戏质量。

每天儿童都需要花一定的时间和重要成人在小组中进行游戏，

教师需要确保这一点，从而减少他们盲目游戏的可能性。这段时间可以非常活跃，如边唱边跳，也可以是安静的、非正式的亲密时间，如分享一本书或相册。

复制

复制的材料为婴儿和学步儿提供了模仿彼此和友好相处的机会。这里的材料是指由2～3套由许多游戏材料组成的玩具，而不是有许多套玩具，而每套玩具仅由很少材料组成。复制的概念可以延伸到图书角，在这里，成人可以和儿童一起分享故事，也可以利用一些复印的流行图书分享故事。

本书所提到的游戏资源都是生活中常见的东西，如书包、容器、箱子、软木塞和零碎材料等。它们能够帮助幼儿形成良好的社会性经验，促进他们身体和创造性技能的发展。成人不应该限制儿童，而应该根据儿童的需求陪他们游戏，例如，儿童是想独自游戏、与他人一起游戏，还是与同伴合作游戏。正如成人有时也需要独处一样，我们也要尊重婴儿和学步儿不想被打扰游戏的想法，但不要误认为儿童"不会分享"。

第五章 0～3 岁幼儿的交流与游戏

有意义环境中的游戏与交流

　　琳迪雅（23个月）发现她的照料者鲁斯有一盒卡通人物卡片，这些卡片可以用来讲故事。于是琳迪雅把卡片一张张地拿出来递给鲁斯。同时将小脸贴近她，嘴里还嘟哝着一大堆谁也听不懂的话。那样子就像成人之间在谈话。琳迪雅期望鲁斯能够回应她。

　　鲁斯：这是彼得，还记得吗？船里的那个彼得。

　　琳迪雅：妈妈病了。

　　鲁斯：当你去法国度假那会儿，可怜的妈妈晕船了。

　　琳迪雅：现在没事啦。

　　鲁斯：是啊，妈妈再也不会晕船了。

　　琳迪雅穿过房间，把印有彼得的那张卡片放到暖气后面，看了看鲁斯，就走开了。

　　鲁斯：哦，彼得哪儿去啦？他跑到暖气后面啦！再见了彼得，下船喽！

　　这个游戏不知重复了多少次。不久，琳迪雅就可以说出那些常说的话，也能叫出每个角色的名字。然后，某张角色卡片会被藏到暖气后的墙纸后面，但它不会像琳迪雅想象的那样滑落到地毯上。

琳迪雅：雅克斯已经走啦，鲁斯你来做吧！

鲁斯：你想让我帮雅克斯出来吗？

琳迪雅轻轻拍着手掌，唱着一首关于雅克斯的歌，鲁斯也跟着哼唱，加入到游戏当中。

琳迪雅：鲁斯做（她抓住鲁斯的手，走到暖气边）。

鲁斯：我找不着他，我们用手电筒试试。

琳迪雅不是第一次用手电筒了，所以并不陌生。她跑进厨房，正要用手够壁橱里的架子。突然，她听到了附近花园里割草机的声音，她看起来很害怕。

琳迪雅：嘟嘟嘟……来了！（嘟嘟嘟是她对所有转来转去，并能发出嘟嘟声的物体的总称。琳迪雅对割草机既充满好奇，又很害怕。）

鲁斯：你能听到割草机的声音吗？听，就在外头的花园里。

琳迪雅：在花园里，嘟嘟嘟！（她看着鲁斯，指向窗外。）

鲁斯：你想看割草机吗？（鲁斯跑到后门，琳迪雅皱着眉。）

琳迪雅：嘟嘟嘟！（她又指向窗外。）

鲁斯：哦，你想透过窗子看割草机。它真是太吵了！但它不会伤害你的，它只是在割草。

鲁斯把琳迪雅领到窗台边，一起看隔壁老人割草，谈论关于猫和小鸟都因为不喜欢噪音而走开。过了很长时间，琳迪雅看到脚下踩的暖气，试图从窗台上爬下来。

琳迪雅：把手电筒给你，咱们下去吧。

于是，她们拿着手电筒又重新开始寻找被困的雅克斯卡片。

维果茨基指出，言语的掌握是与思维能力的发展相一致的。该理论认为，讨论和对话带来了思维的新方式（Vygotsky，1986）。哈利德（Halliday，1975）认为，交谈是用来满足人们的渴望、控制与被控制、建立并保持交往需要的一种方法。交谈能够帮助我们表达观点和思想，帮助我们发现、描述并创造自己的世界。这些在琳迪雅的谈话中显然体现得很充分。因此不论我们给儿童提供何种帮助，都首先应该努力使他们成为有能力、自信的讲话者。这对幼儿其他各方面的发展都具有积极的影响。

自出生以后的交流与游戏

婴儿从一出生就在表达着自己。他们可以辨认出曾在母亲子宫内听到的人声。出生以后他们更多地关注人声，而不是其他声音的刺激（Karmiloff-Smith，1995）。朱莉娅·曼尼-莫顿和玛吉·托尔普在 2001 年分类列举了许多不同的例子，以此来证明，哪怕是刚出生的婴儿也可以表达自己的需要和情感。婴儿用哭表示害怕、疼痛、饥饿、厌倦或寂寞；用凝视、微笑、接近咯咯地笑、指向表现出交流的兴趣；用瞪眼、避开他人的目光、愁眉苦脸、转开他们的身体表示他们很不高兴，同时警告陌生人不要再接近他们。

布鲁纳（1977）观察了不会说话的婴儿与他们的照料者进行交流和游戏的行为后，总结出以下几点：

- 婴儿很快就能够明白成人的意图；
- 婴儿与照料者运用交替互换的方式进行交流；
- 婴儿逐渐能够意识到周围所发生的动作与语言的规律；
- 婴儿学着在物体与语言之间建立联系。

布鲁纳通过自己的观察认为，基本的语言能力在婴儿期就开始发展了。他指出，早期的社会性游戏与交流有助于儿童掌握交替互换的交流方式，以及发出信息和接受信息的丰富含义。他相信许多学习发生于熟悉的日常生活之中（Bruner，1977）。因此，对于那些照料婴儿的人来说，他们的手势和发音的方式就显得尤为重要。而成人的这些反馈和关注，需要通过语言和身体的共同配合来完成。因为儿童的学习常常发生在换尿布、睡觉和吃饭这些日常活动之中。把儿童扛在肩上走路，摇动着或轻轻地抚摸，这些都是促进儿童早期语言发展的有效方法。

支持语言的传统方式有多种，例如，语言反馈的互动或直接的示范和指导。因此，要让更多的照料者意识到这一点的重要性，即不同家庭中培养语言技能的方法是不同的。我们要清楚地认识到，那些与父母或照料者相互交流、游戏的儿童和那些被独自放在一边、很少有人管理的儿童，以及只与消沉的照料者接触的儿童、有被虐待和被忽视经历的儿童相比，他们的语言能力的发展水平是有显著差异的。

学习说话，学会游戏

大约到了 6 个月，婴儿就开始咿呀学语了，往往是在辅音之中带出几声元音的发音。我们可以清楚地察觉到，1 岁左右的幼儿说话往往是在模仿成人。自此，儿童开始在言语中表达某种特定的含义。儿童不断地练习增强嘴唇与舌头的协调性，以便发出更复杂的声音。不同母语的儿童此时说的话就有所差异了。贝茨（Bates）是用"先学音调再学词"来描述这一点（Bates et al.，1987，引自Bee，2000）。然而在成人发现儿童发音的差异之前，儿童就已经能听出家人和外人说话的不同。在一个 4 天大的新生儿身上已经发现了这一点（Karmiloff-Smith，1994）。父母或照料者常常对儿童的"说话"给予热情的回应，用声音来表达意思。成人会通过这样的方式鼓励儿童重复他们听到的声音，把语义和语言的模式有效联系起来。

2 岁大的幼儿开始形成词汇。他们的发音都很简单，但单词前、中、后的辅音已经渐渐可以听出来了。只是辅音的发音被简化了，然后重读语音的意识逐渐产生，对语义的理解也愈加深刻。儿童听到声音后，都会努力把它分割成可以辨认的部分。他们这么做是为了极力扩展对词义的理解。他们不停地说话并重复刚听到的成人对话中的最后一个字，就像我们对琳迪雅的嘟嘟嘟声的观察一样。这个年龄段的儿童也开始理解，并学着运用面部表情和手势。

一旦儿童学会走路，他会经常带着手势并用几个简单的词描述某个物体和行动。当儿童会说 20 个或更多的单词时，他们大约可以理解 40～100 个单词的意思。人们可能认为，学步儿的单词发音并不是很好。但是，当他们交谈和游戏时，或许还会用许多的"原始语言"。这些声音有多种不同的音节、音量和语调（Trevarthan，1979）。

> 琳迪雅的父母回忆琳迪雅说话时讲道：她和我们"长时间交谈"，虽然交谈的内容听不懂，但声音听上去和成人谈话一样。她有时也会把脸转向我们，注视着谈话的对象。

到了 2～3 岁，幼儿开始学会说电报句，在这样的句子里往往只包括几个关键词。就像例子中琳迪雅说"鲁斯做"那样。在这一时期，儿童语言发展的速度很快，词汇量也会有爆炸式的扩展。复数、语音、形容词的运用和语法错误的出现表明儿童开始理解语法的规则。然而，思维和情感增长的速度如果快于儿童的说话能力，将会导致结巴或身心表达的挫败感。戈德凯米德给教师提出了如下建议：

> 当情感和思维的发展快于说话能力时，儿童尽力的表达往往会变得有些口吃。在这种情况下，教师应当轻轻握住儿童的手，要求大声叫嚷的人安静一点，表现出对于儿童试图要说话的行为的理解。

> （Goldschmied & Jackson，1994）

第五章　0～3岁幼儿的交流与游戏

83

幼儿3岁的时候，会产生"独白语言"（Vygotsky，1986）或者如皮亚杰所说的，儿童会出现"自言自语"的现象（1926）。当儿童玩耍时就会自言自语，例如凯鲁姆在花园玩，没有别人，他自言自语道："球跑到灌木丛里了，凯鲁姆去找啦。"这些独白语言往往并不表示他们想要与谁交谈，这被皮亚杰视为前运算阶段儿童不成熟的表现。而维果茨基却认为，"自言自语"是儿童有计划地指导自己的行为、解决问题、思考成人的行为动作，这一现象会随着年龄的增长而逐渐消失。维果茨基认为，其原因在于这一现象会慢慢地被头脑中的思维过程所替代。

虽然我们十分关心0～3岁阶段的幼儿，但考虑接下来的成长阶段也是同等重要的，因为儿童随后的变化会越来越大。三四岁幼儿会经常问"为什么"的问题，他们可以很轻松地谈论过去，并且可以更容易、更明确地设想未来。

游戏、交流和言语

与同龄人的交流、言语和游戏

婴儿和学步儿在学会说话以前，就可以通过手势、模仿、玩同样的东西来交流和发起游戏。最近的研究发现，即便是那些年龄很小还不能说话的儿童，也可以通过手势与信号来表达他们的需要。我们发现，那些学会做手势的儿童往往更热衷于复杂的游戏。因为他们的认识能力发展得比较快，他们比不会做手势的同龄人会拥有更多的语言能力（Acredolo & Goodwyn，2000）。有些教师谨慎对待儿童的手势，除非儿童被认为有特别的需要，认为这会推迟儿童语言的形成。然而，阿克力德洛和古德怀恩（Acredolo & Goodwyn，2000）指出，从儿童参与唱歌活动的过程中可以看出，在能唱歌词之前，他们喜欢用手势。指物、挥手告别、点头和摇头是在几乎所有儿童身上能看到的现象。

阿克力德洛和古德怀恩（1985）的研究表明，父母或照料者对1～2岁的幼儿做手势有许多好处。做手势使幼儿很容易理解，也会减少他们的失望情绪。这也增进了父母或照料者与幼儿，以及幼儿与同伴之间的关系。例如，当一个幼儿看到另一个幼儿正在因为和妈妈分开而难过时，该幼儿会用手势让难过的同伴过来喂鱼。教师注意到了这些，鼓励幼儿来喂鱼，这一活动经常被用来安慰焦虑不安的幼儿（Acredolo & Goodwyn，2000）。

婴儿与他们亲近的成人之间的交流与游戏

我们已经知道，幼儿在头三年中语言能力发展得是否迅速，取决于婴儿与成人之间交流质量的高低。卡米劳夫－史密斯（Karmiloff-Smith，1994）指出，父母对只有几个月大婴儿反应的敏感性，直接关系到他们长到12个月时语言能力的发展水平。支持上述观点的一个很好的例证是儿童有兴趣和成人玩游戏，并努力与成人进行交流。

特里瓦兰研究指出，2个月大的婴儿对于照料者的手势，以及给他们东西等游戏性的交谈和原始交谈表现出极大的兴趣（Treavarthan，1979）。成人谈话的节奏也可以被很小的婴儿觉察到，例如，一个正吃奶的婴儿会停下来，望着他的照料者。照料者聊天中的停歇和摇晃着婴儿喂奶都可以被婴儿注意到。特里瓦兰指出，儿童语言能力与认知能力的发展，取决于与他们最亲近的人的原始交谈的质量。他进一步强调，情感及其交流在认知发展中起核心作用（1995）。他认为，儿童与照料者在前3个月的原始交谈能带来基本的动机，这有助于儿童进入托儿所时具备扎实的文化根基和掌握足够多的词汇量（Trevarthan，1979，1993，1995）。第二章中所阐述的模仿性游戏激发了这一动机的形成。

特里瓦兰的研究发现，3个月大的婴儿会对照料者给他们的玩具产生极大的兴趣。虽然他们还不能准确地抓住玩具，或者不明白游戏中所说的所有的话，但是他们会被照料者发出的"解释性语言"所吸引（Woodhead et al.，1998），他们会用咕哝、叹气、尖叫表达自己的兴趣。

许多父母或照料者（虽然没有获得语言方面的专业文凭）自发地参与到儿童练习口语的游戏中。成人用自己的特殊方式对儿童做出各种姿势和进行交流，这种方式往往比单独的语言更丰富和有意义。成人会用面部表情、语音语调这种简短且没有严格要求的词汇同儿童游戏、交谈。我们将其称为"妈妈语"或"儿童导向语"。研究表明，儿童的交流能力与此有很大的关系，而且往往超前于当前儿童的交流能力（Bohannon & Warren Leubecker，1988）。最为突出的表现形式就是成人运用夸张的语气与儿童进行交流，同时这种语气得到了儿童的关注（Fernald et al.，1989）。这几乎发生在多种文化与语言交流之中，包括使用手语的聋哑父母或照料者（Bee，2000）。语言表达若不配合面部表情、语音语调和手势，自然会大为逊色。

用词和声音来游戏

婴幼儿能够在游戏中学习词汇和语言，就如同他们在游戏过程中会学到其他新的技能和知识一样（Garvey，1990）。在咿呀学语的阶段，儿童会在不同的环境下反复用不同的音调发出声音的组合，例如：

> 比莉最喜欢的声音组合就是啊吧哒哒吧吧。当独自一个人玩或是和父母一起游戏时，她都会兴奋地重复它们。

这些反复而有节奏的发声，通常是在安全环境下和熟知游戏规则的成人在场时才会发生。儿童在学习发音的过程中，发音越来越清晰，同时能够小声或大声讲话。

随着语言的出现，儿童不但会给自己特别关注的东西起名字，而且也会根据声音和词创作歌谣，同时伴随着动作。他们唠唠叨叨地说着话，并把名词转变为形容词。他们也会通过组句或拆分句子学到句子结构，同时还进行句式上的变换。鲁斯·威尔（Ruth Weir）记录了她 2 岁儿子的每一个语言游戏的细节（Weir，1962），也有关于雷之的观察记录。

米克（Meek，1985）指出，儿童那种渴望被理解的心情可以促使说话、节奏、押韵甚至是玩笑的发生。

> 23 个月大的赖安就是一个很好的例子。他的母亲写道，"赖安跑到我跟前说，'尿尿……妈妈，尿尿'，他还不能发'尿'字的音。我立刻给他换了尿布。一旦尿布有一边没换好，赖安就会尖声大叫"。

米克指出，这种语言上的交流是儿童的创造力和想象力获得发展的证明。她进一步强调，"在幼儿有力的声音形成阶段，要求'返回到原始状态'……而尊重人的想象力便是这些原始状态之一"（Meek，1985）。

成人在支持 0～3 岁幼儿交流和谈话中的作用

我们之前提到过，儿童掌握的语言是相当有限的。父母或照料者在这个阶段与儿童交流时，要做一个自然的谈话者。尤其是成人在交流过程中不能因为缺少口头上的回应而不高兴。而且，亦如巴雷特–普鲁（Barrett-Pugh，引自 Abbott & Moylett，1997）提醒我们的那样，成人必须能够为儿童提供数量适宜（Wood et al.，1976）的"支架支持"。只有这样才能够使儿童保持和扩展交流或在"最近发展区"中获得发展（Vygotsky，1978）。有经验的教师会借助对游戏场景即时评价和开放式的问题，鼓励儿童以适合他们年龄的方式回答问题，而问题的答案并不需要是完全正确的。

对个体儿童的认识

除了掌握儿童语言发展特征的知识并以此作为教育实践的基础外，教师需要了解儿童个体的语言特质。同样，成人还需要明白自己作为儿童的游戏伙伴及指导者所发挥的作用，了解适宜的游戏经验。

我们已经知道，3岁前幼儿的语言能力仍处于发展时期。但是，即使再小的婴儿也有很强的"非语言"交流能力。如果要理解这一点，教师就需要对儿童个体有更进一步的了解。这样的了解有助于提高成人与儿童交流的质量和乐趣。同时，减少由于相互间的误解而产生沟通失败的情绪。

通常，教师不可能对父母或照料者了解得很深入，同样地，父母或照料者本身也不太可能了解儿童每天在托儿所所做的事情。然而通过亲密的合作和一起工作，彼此可以从对方身上学到尽可能多的东西。例如，琳迪雅的母亲和鲁斯（照料者）之间分享的信息使鲁斯更加关注琳迪雅并丰富他们的游戏。鲁斯知道在家庭假日里的游船上所发生的事情，以及当她了解到她教给他们的术语时，如何适宜地回应琳迪雅对机器的敏感。

吉而伦（引自 Abbott & Moylett，1997）强调了2岁幼儿游戏中言语重复和规则的重要性，这种认识来自她对自己孩子的倾听。对琳迪雅和她的照料者的观察使我们了解了这些2岁幼儿日常对话的特点。首先，他们喜欢不断地重复相同的歌曲、故事、游戏或者录像，似乎从不厌倦。2岁幼儿经常用自己创造的表达方式来表达。例如，当琳迪雅独自唱"雅克斯是一个小便的人"，他能说"很小"这个词并且在教堂唱出这个正确的词。

另一个常见的现象是，某些词汇或事情能够激发2岁幼儿回想起几个月以前发生的事情。似乎儿童每次想要回忆它们时都进行相同的交谈。在与那些知道如何回应他们的人一起游戏时，儿童就能得到预期的抚慰。在我们的观察里，琳迪雅回忆起她妈妈生病，在那之后三个月，她每次都补充说妈妈现在好了。吉而伦将其称为一种咒语（Abbott & Moylett，1997），因为它并不是明显的原因。

2 岁幼儿（以及更小的幼儿）也为那些不是来自任何成人偏好的事情命名并加以应用。当与那些熟悉的人们一起游戏时，幼儿就能运用电报句来说出名字，他们相信别人能理解这些话。琳迪雅发出的"嘟嘟嘟"的声音可能意味着"洗衣机在工作"，或者"是洗衣机发出的噪音吗"，或者"我能听见机器声，它太恐怖了"。

与儿童游戏的教师作为能够移情的聆听者，将会有意义地参与这些类型的对话，这些聆听者往往是有耐心并且不会嘲笑儿童错误的人。尽管儿童熟练的语言学习还不能使其成为语言家，但是，那些以特殊方式与他们说话的人会帮助他们。接下来，游戏将会继续，教师将促进儿童的思维和想象力的发展，并且他们将有能力既成为合作者也成为促进者。

支持儿童学习多种语言

许多儿童成长在两种或多种语言的家庭中，从出生起就学习不止一种语言。人们发现，这对认知发展是有利的，能使用两种或多种语言的儿童比使用单一语言的儿童能更早地意识到语言抽象的特性（Siraj-Blatchford & Clarke，2000）。

在日托机构中，教师应当给予双语或多种语言儿童和母语儿童同样的支持，而说母语的人和对儿童文化与语言背景的了解是这一支持的基础。如果我们考虑到幼小婴儿对他们家庭语言的敏感性和偏好，并且在日托机构中照料者能够以家庭语言来与婴儿说话和游戏，那么我们有理由认为这些因素对婴儿和学步儿的语言发展及其他们的自尊具有显著的影响。

澳大利亚的一项计划专门招聘了那些能在多元文化社区里说主流语言的人，让他们成为日托中心或半日托儿所的早期教育教师。这项计划带来了积极的影响，因此把他们的工作制作成录像来教育和鼓励其他的儿童教师。从录像中可以看到，婴儿用他们的家庭语言唱歌，学步儿或年长些的儿童相互分享有关水果的不同的家庭语言，以及儿童用彼此的语言玩打电话的游戏（FKA，1997）。

刚出生的幼儿与1～2岁间学说话的幼儿一样需要母语的支持，托儿所没有教师会说婴儿的母语并不意味着托儿所不能很好地帮助婴儿。斯莱克和格里芬（Selleck & Griffin）的描述就是一个很好的例子，他们描述了意大利托儿所是怎样满足来自中国的婴儿的需求的。这名婴儿因过度伤心而不参加游戏活动或拒绝照料者，教师通过家长的帮助来模仿父母抱婴儿的方式、父母语言的节奏和语调类型。教师也要求婴儿的父亲记录下他所唱的摇篮曲，教师在托儿所唱摇篮曲时模仿父亲的声音。所有这些对一个很难适应日托机构的婴儿起到了有效的作用（Selleck & Griffin，1996）。

支持0～3岁健谈的幼儿的游戏经验

教师——最重要的游戏资源

对于那些正在学习如何交流的儿童来说，亲密的照料者是他们最重要的资源。教师与儿童建立相互信任的关系可以培养他们的自信和自尊。自信的谈话者需要试着去表达自己的情感，分享他人的想法，敢于猜想以及不怕出错。在集体教育机构中，这意味着有一个重要的人员系统，以保证这种亲密状态的存在。那些有经验并且富有想象力的0～3岁幼儿的教师也需要为儿童创造丰富的语言环境和游戏经验。

对话游戏

原始交流和游戏能通过"对话游戏"实现（Barnard & Meldis，2000），这与模仿游戏相似，但是它有一个有趣的扩展，它包括照料者聆听婴儿的口语和辨别出特定的声音，向婴儿重复、微笑并等待反馈；不久，婴儿将重复那个声音或者选择另外的回应；这些声音甚至能变成曲调。这个游戏接着可以通过录成"谈话"或者"歌曲"磁带而得以扩展，并在磁带开始时说明日期和儿童的姓名。这些对于婴儿、监控儿童语言发展的教师、特别是对父母都是很有趣的。

生动的语言游戏

6～12个月大的婴儿喜欢更活泼的语言游戏，例如，听照料者表演唱歌、跳舞和打节奏，他们喜欢伴随着音乐旋律跳动。特里瓦兰将这些活动描述为"激发起婴儿渴望观看的兴趣，帮助他们意识到在适宜的时候去大笑"的活动（Woodhead et al.，1998）。

到了6个月大时，婴儿能够察觉照料者所注意的事情并且随着照料者所指的方向看（Trevarthan，1995）。教师能够引发婴儿注意看有兴趣的现象，指出他们一起看到的物体的名称，当婴儿走近或指向物体时用语言吸引他们的注意。例如，当看到儿童挥着他们的手指向某个移动的东西时，教师会说"是的，那是海豚在运动，哦，你想摸摸它吗"。接下来举起孩子，以便让他们能摸到。

婴儿到了这个年龄，喜欢温和的逗乐的游戏。如果用之前的例子，上述游戏将随着照料者的移动而让婴儿够不到，然后再回来谈论这个好玩的话题。这种逗乐的游戏只有在婴儿感觉到好玩的时候使用，否则就不要进行这种游戏，因为它会损害婴儿对人的信赖。

在非常活泼的游戏中，会有许多的机会使用语言来描述行为、运动和位置。

　　卡特里娜把爱瑞（8 个月）举过头顶，接着把她放在地上。"上……上……上，你上喽"，伴随着动作，她说话的声音也越来越大；"下……下……下，你下来喽"，同样的，伴随着动作，她的声音同时变得越来越低。爱瑞都会高兴地尖叫。每次她停下来，爱瑞用两个胳膊做手势来表示她还要再玩。

　　特里瓦兰（1995）指出，儿童在与信任的成人一起游戏时会显得愉快和兴奋，然而如果游戏换成一个陌生人发起，或许他们就会变得难过和害怕。与婴儿游戏时保持平衡是很重要的，因为这是对熟人表达喜爱和对陌生人产生焦虑的开始。

象征性游戏

　　在 2 岁时，假想游戏出现了，这表明婴儿有了运用符号的能力并且懂得词语能够用来代替事物。这是一个坚持独立和练习说"不"的时期，教师或许会发现当他们试图参与到一个 18 个月大幼儿的喂小熊吃饭的游戏中时，会被拒绝。这个时候成人的作用仍然很重要，因为婴儿会模仿他们的行为，教师可以描述自己的行为，或给出连续性的评论。例如，评论学步儿做的事情、小熊会有什么感觉等，也可以提供适宜的真实物品作为儿童游戏的道具。

给婴儿和学步儿的图书和故事

　　大家都认为图书、儿歌或歌曲是促进儿童语言发展的有益的游戏经验。然而，正如我们在本书中所强调的，如何呈现才是关键。这与成人的作用以及图书区的创设有关。由于幼儿的灵活性有限，因此他们往往只关注图书的封面。同样值得考虑的是，他们是否能在归还一本图书时不损坏它，以及是否有足够的空间使幼儿相互之间能够不断地练习。

事实上，有众多的优秀图书可以给婴儿和学步儿看。甚至很小的儿童也喜欢图书并在帮助下也能看懂图书的内容；不应当仅仅为了吸引婴儿而为他们提供硬纸板图书。布料或塑料做的图书并不是真正的图书，因为它们不能帮助儿童学习怎样正确认识和使用图书。

如果图书符合婴儿的经验和兴趣，婴儿会对图书更感兴趣。例如，在碰到天竺鼠后，一本关于天竺鼠的图画书就成为他们的理想读物。婴儿喜欢书中重复的叠句，他们可以参与这个非常流行的游戏。一个 10 个月大的婴儿在看《我们要去捕熊》的图画书时兴奋地说着："噢，噢"（Rosen & Oxenbury，1989）。儿童所喜欢的韵律和无意义的词语都已经包括在这本图书或其他类似的图书中了。例如，像《棕熊棕熊》（Carle，1984）之类的图书能够使儿童享受韵律，同时可以引起他们对后面内容的兴趣。为了达到这一目的，教师必须一遍一遍地给儿童读同样的图书。

当为婴儿选择图书时，仔细查看书中所传达的隐含信息是非常重要的，这一点同样适用于年龄较大的儿童。书中如果体现出强壮的女孩、温柔的男孩以及残疾儿童显得很有能力时，将有助于打破图书中对角色的偏见。

2 岁幼儿喜欢成人为他们编的故事，这些故事具体描述了儿童生活中的事件和情形或者成人的某些特殊经历（参见 Gussin-Paley，2001）。运用真实物体作为故事的道具或使用卡通人物（例如那些琳迪雅所玩的）往往是比较合适的，这不仅促进了幼儿语言的发展，而且培养了他们的创造性。故事结束后，留给幼儿自己去设计，或许一个 2 岁幼儿能够用道具自己编故事。儿童家长所捐赠的带着照片的小相册和那些带到托儿所的东西丰富了儿童的选择范围，并且更富有人情味儿，因此也更有趣。还可以提供幼儿家长或照料者用家庭语言和腔调录制的歌曲和故事，此外一个耐用的录音机也能派上用场。

郊游和参观

在托儿所里，为学步儿组织的郊游是很少的。但是，如果群体规模较小，往往就会有更多的机会、时间和精力去与儿童对话。参观好玩的地方或让有趣的人（或动物）来参观托儿所，能够激发幼儿以他们的方式进行交流。可以运用摆放在学步儿视线范围内的照片、小相册来扩展幼儿的交流。就像本书第三章所描述的那样，即使是在托儿所附近散步也可以促进丰富语言的运用。

如果我们回想一下对琳迪雅的观察，就会发现其中既有计划的也有自发的游戏，这些游戏为儿童提供了丰富的交往和言语交流机会。鲁斯提供了新的词汇，用姿势来强化其意义，把琳迪雅的动作运用到语言中，以此表达琳迪雅的情感并向她作出解释。鲁斯的关注促使琳迪雅专心游戏并解决遇到的问题。鲁斯也将琳迪雅在鲁斯家中的游戏经验和在自己家中的游戏经验联系起来，这促进了琳迪雅的自我认识。此外，游戏是与学步儿的心理特点相匹配的，它没有过多的限制，有大量的活动，而且能够促进琳迪雅的独立性。

第六章 0～3岁幼儿在探究、思维、想象中游戏、发展和学习

理解探究和假想性游戏的环境

> 9个月大的莎拉坐在百宝箱旁（Goldschmied & Jackson，1994），拿起一块丝瓜放到嘴里，吮吸了一下，脸上露出痛苦的表情，整个身体也跟着颤抖了一下。她立刻扔掉丝瓜，从百宝箱里拿出一个闪光的贝壳丢在地板上，低下头用手指抚摸它光滑的表面。然后，她用右手抓起贝壳放到嘴里，伸出舌头舔着，用嘴进行探究活动，接着她又把贝壳放在自己的膝盖上，并抬头看着冲她微笑的老师。突然，一张抖动的纸引起了她的注意，她倾斜着整个上半身把纸拿到自己面前，用手捅着纸，发出"喀嚓喀嚓……"的声音。
>
> （Manning-Morton & Thorp，2001）

探究

通过观察莎拉的游戏过程，我们可以看到婴儿和幼儿拥有着探究世界的欲望。就像一块海绵，渴望吸收百宝箱里能提供的所有新经验。婴儿的所有感觉（视觉、嗅觉、听觉、味觉、触觉和运动）都是非常敏感的，他们借此来探究周围的人和事物，用自己的整个身体、双手、双脚、皮肤，尤其是用嘴去探究周围的环境。

皮亚杰（1952）描述了婴儿是如何通过积极的探究以及利用自己的身体与周围的人和物相互作用来建立他们的反射行为的。当婴儿运动和游戏时，他们感受到了运动、声音、质地、光线和模型、味道和气味。这些感觉、运动经验会转变为图式的思维操作。当婴儿将经验同化到已经存在的图式中，并学会利用调整这些已有的图式去顺应新的环境时，图式就会越变越复杂。婴儿以这种方式适应环境是为了保持一种平衡的状态，而这种平衡通常是不断变化的，因为婴儿会利用自己已知的经验去适应不同环境中出现的状况，同时学习新的知识。

对于皮亚杰来说，这些早期图式是关于感觉和运动的，并取决于感官和身体与外部世界之间的相互作用。他指出，在感觉运动阶段的末期，婴儿最终达到了产生心理表象或符号的内化图式水平。这一水平脱离了即时的互动和以往婴儿对外部世界的认识（Piaget & Inhelder，1969）。

思维

在对莎拉的观察中，我们可以发现她是如何获取感官信息以及练习身体技能的。在游戏中，一些诸如坐、前靠、伸手去够某个物品和抓握等不成熟的身体技能会限制她去探究发现更多令她感兴趣的物品。然而，目前来自认知科学的观点认为，婴儿不仅接受信息而且能够转换和重组这些信息，从而形成代替物去解释自己的经验并对事件做出预测（Gopnik et al.，1999）。

当婴儿和学步儿在游戏中与环境相互作用时，如击打一个运动的物体、追赶一只小猫或花园里的一只虫子，此时他们是在练习肌肉运动和寻找新的感觉。与此同时，他们的认知活动是积极活跃的，包括思考事物的原因和结果、相关的速度和距离、空间关系以及固定物体的可操作性等。他们会记得过去的行为、经历和种种娱乐活动，能够运用先前的经验去计划下一步的动作或预期即将产生的结果。最新的研究表明，富有好奇心的儿童有着更强的认知生活能力。新生儿能够辨认出曾在子宫里听到的声音和音乐，这表明他们正在学习并形成记忆。当婴儿对没有满足的期望报以哭喊时，说明他们对因果关系有了一定的理解，这是迈向抽象思维的第一步（Goswami，1998）。

有研究表明，当婴儿的运动能力还没有发育成熟到可以学习因果关系以及客体永久性概念之前，即便是 4 个月大的婴儿也可以理解某些概念。该研究结果对皮亚杰所认为的婴儿是通过感受动作才形成思维的观点提出了挑战（Goswami，1998）。这表明婴儿与人和物体之间进行的游戏活动给予了他们思考各种经验的机会。

一些证据证明了这样的观点，即基本的认知过程，如学习、记忆、知觉和注意等，似乎在婴儿出生之前就已经产生了。高普尼克等人（1999）认为，婴儿之所以能够形成知觉能力，是因为他们似乎有一些天生的能力去解释各种来自感官的信息，经过这一过程的转变，他们的知觉就不同于最初由感官输入的信息了。例如，麦尔特佐夫和穆尔（Meltzoff & Moore，1983）就曾经争论过，出生 1～3 天的新生儿模仿伸舌头这一动作也是需要知觉反应的，因为视觉输入的信息会经过大脑的解释并重新创造，婴儿自身就能够完成这一行为。当婴儿在解释各种经验信息时，他们便对周围的世界产生诸多的认识，并在此后的游戏活动中不断验证这些想法。

映像

吉恩·曼德勒（Jean Mandler）认为，在把知觉信息转化成知识的过程中，婴儿形成了关于物体和事件空间特性的认识。他认为婴儿选择相关事件的重要信息来形成"映像图式"（Mandler，1992）。例如，婴儿有很多关于容器的知觉经验：浴盆、童车、成人胳膊的里外；瓶子、碗、嘴、胃内外的食物；穿上和脱下的衣服，等等。他们首先认识到哪些经验与上述运动及事件的空间关系相类似，接

Key times for play

下来形成了一个关于容器关键因素的映像图式，例如内、外和边缘。这种映像图式与表示进去和出来的映像图式是密切相关的。当婴儿的运动能力逐渐成熟时，我们发现他们满怀热情地在游戏中探究这种特殊的图式：穿一层层的衣服；把碗弄翻；把玩具扔出小床；在图片周围画上边界；把玩具放进录音机里；玩藏猫猫的游戏；想让别人抱，等等。

　　用动作表现我们的经验贯穿于我们生活的始终。布鲁纳（1966）把这一动作称为积极的表现方式。当儿童把自己的内部映像表达清楚后，他们就可以用一个外部映像来呈现他们的经历，后者是图标式的表现方式（Bruner，1966）。我们在第四章对学步儿是如何对自己的照片着迷进行过描述，这就是儿童最初理解外部图标表现方式的例证。

象征

　　吉恩·曼德勒（1996）认为，运用语词代替不在眼前的人和事物是儿童象征性行为的开始，映像图式是促进语言获得的前语言代替物。以下的例子具体说明了一个容器的映像图式是如何发展成关于更复杂的容器、位置以及困境的语言象征行为的。

> 　　12～14个月大的时候，比莉会发出类似"duck"的音。她的父母知道她想说"stuck"，意思是"我得不到我想要的东西"（伴随着指着这个东西的动作）或者"我塞不进去"（由于软木塞太大了而无法塞进去）或者"我不能从高椅子上或童车上下来"（举起胳膊或拉着带子）。

　　当人和事物不在眼前出现时，替代物能够帮助儿童和成人保持或回忆，从而在映像、物体、事件和标记之间建立起新的联系（Whitehead，1996）。婴儿通过模仿成人和年长儿童的面部表情与行为动作以及反映形状或物体移动的运动来建立联系。当婴儿试图解释和重新构建这些经历时，模仿就不仅是简单的动作重复了。对于皮亚杰（1962）来说，模仿和内部映像的形成是象征性行为和假想游戏的关键因素。

2岁的幼儿利用象征物表现某物体的行为在不断增多。皮亚杰（1962）描述他女儿1岁时曾经无意中在自己的小床上身体向后摔倒在枕头上，接着她模仿自己平日睡觉的样子，然后坐起来为她的"假装睡觉"的行为兴奋不已。后来，一天里即使她不在小床上，也没有枕头的情况下，她也会重复好几次这样的游戏。这是明显的运用象征性代替物，以她的行为代表睡觉的动作。对皮亚杰（1962）来说，象征性行为是从每天的仪式化行为中逐渐抽象而来的，我们能看到学步儿经常在游戏中表演熟悉的场景，例如假装当宝宝，或喂养和抱着另一个婴儿。学步儿利用日常用品对未来角色进行预演，比如打电话。在这种情境里，他们的假想性行为被物体的特性所引导。而维果茨基（1966）则认为，这不是真正的象征性、假想性游戏，因为这样的代替物并没有完全从婴儿熟悉的物体中分离出来。然而学步儿也会用某些不一样的物体去代替他们所熟悉的物品，比如用积木代替电话或梳子，他们也会在游戏中用过渡性物体来代替自己（Bruce, 1997）。

婴儿和学步儿经常利用个人的象征物来形成他们自己的表情、姿势和语言（Acredolo & Goodwyn, 2000）。同时他们开始渐渐学会利用文化性的具体象征物，如挥手告别或亲吻脸颊等。布鲁纳（1966）认为，在这个过程中一个儿童将初步认识并接受他们所处的社会环境的文化。

社会性和情感性环境

随着不断加深对婴儿和学步儿认知发展复杂性的理解，我们将学步儿看做是探究世界的小小科学家，应当思考：如何为儿童创设特定的游戏活动环境，以使他们的大脑可以得到充分的发展。毋庸置疑，学步儿总是希望通过自己的亲身经历去探究并验证那些别人告诉他们的事情，但是我们必须要明确的一点是，他们智力的探究是在社会环境和情感环境之中进行的。

认知发展非常关键的一点在于，它像人类其他方面的发展一样，是作为社会关系网的一部分（Gopnik et al.，1999）。游戏行为，诸如相互模仿、让婴儿与学步儿参与日常的家庭活动或托儿所的真实活动，能够使儿童在社会性和情感性的环境下以自己需要的方式进行学习。

> 萨姆花费了半个小时的时间撕生菜，以准备午饭。这一活动不仅提高了他的动手操作技能，而且还增进了他的归属感，因为他可以为团队的就餐作贡献。比起撕纸片然后粘贴出那些由成人选择出来的图画活动，这一活动对于他而言显得更有意义。

对于婴儿和学步儿来说，他们的大多数经历是既新鲜又离奇的，还可能很刺激，但有时或许也是害怕甚至是难以忍受的。3 岁前智力的迅速发展和变化使学步儿不得不频繁地改变他们对事物的看法。如果两件事同时发生或者有一些相似的特点（虽然我们可能知道它们完全没有联系），学步儿可能会将它们在脑海中联系起来。这会导致儿童形成恐惧心理，而这些对于成人而言或许是不可理解和不合逻辑的，例如：

> 卢克对吸尘器产生了一种莫明的恐惧感。对他来说，一个吸尘器的橡皮软管能吸进地毯上的灰尘，就像某本童话书中曾描绘过的一条蛇吞下了其他的动物一样恐怖可怕。卢克会想象着吸尘器可能会像吸进灰尘一样吞食掉自己，他认为这是轻而易举的事情。

通过处理自己的恐惧经历（例如蜘蛛、登高等），可以知道别人强迫我们去面对或无视恐惧，是不可能将恐惧赶走的。同情和逐步了解那些儿童或者成人所能控制的恐惧，是目前最有效的、也是最令人钦佩的方法。

学步儿生活中的那些新奇的、不可预见的或者无法理解的经历，意味着他们有时候可能需要一些特定的事物去保持这种状态。他们会形成自身能够控制的一些规则，例如：

> 卡里斯坚持在吃午饭的时候使用同一颜色的杯子，萨莎总是在休息时要听"晚安颂"。一旦这些可预测的并且是可理解的常规行为由于一些不确定的因素发生改变时，他们就会感到沮丧和压抑。

尊重儿童的个人习惯，并且在生活中适时地为他们提供一定数量潜在和稳定规则的教师，能够使学步儿感到自信和安全。

性格

婴儿和学步儿会以自己的方式对游戏经历做出反应，在他们当中，有些对所有事情都积极尝试，有些则可能退缩并小心谨慎地寻找新事物。对于一些儿童来说，这些方法会随着情况不同而改变，而对于其他儿童而言，却始终如一。关注儿童游戏的社会性和情感性环境是非常关键的，因为他们不仅学习特定的技能和知识，还能借助成人所呈现的游戏经验来形成性格。

性格是一个人对现实的稳定态度和已形成习惯的行为方式等个性心理特征的总和（Katz，1988）。友好的或好斗的性格最初是通过儿童与重要他人之间相互交流以及在各种类型的游戏情境中习得的。

其他一些性格，如好奇心则被认为是与生俱来的，它为儿童提

Key times for play

供了一种去探究世界和巩固其探究经验的驱动力。但是，好奇心也犹如其他的性格一样，会受到成人和环境的影响而被加强或减弱（Katz，1988）。通过游戏的方式来发展性格和学习，是与儿童自我概念和情感健康密切相关的（Laevers et al.，1997）。

参与

凯思（Katz，1988）认为，以好奇心和兴趣水平作为评价儿童性格形成的标准是非常重要的。但仅以此来评价儿童的发展水平，而不评估为儿童游戏所做的准备是不够的。

根据所定义的一些特殊指标，通过观察来评估儿童参与游戏的程度，费瑞·拉埃文（Ferre Laevers，1994）运用量表（LIS）作为评价儿童学习环境的一种方法。他认为，"参与"作为人类活动的一种品质，与专注和坚持密切相关。参与包括有驱动力、对刺激的积极反应，以及感知与认知水平上的经验获得。当儿童表现出极大的参与热情时，则说明他在身心上都产生了一种深层次的满足。游戏活动中儿童高质量的参与可以提高其自身的发展水平（Laevers，1994）。

对 0～3 岁的幼儿使用 LIS 时，我们需要了解特定指标的意义。之后就需要对所取得的信号仔细推敲。例如，当学步儿在活动的情况下，关注这一指标的表现是什么。婴儿和学步儿在活动时，通常深入进行探究活动，正如我们在第三章对雷之所做的观察中看到的，静止不动的状态并不一定意味着他们正在关注某些东西。

然而，许多过去常常用来衡量儿童兴趣的"参与的指标"与 0～3 岁幼儿是密切相关的。尤其是那些"能量"和"面部表情和姿势"等方面的指标。评价成人支持儿童游戏方式的评估系统是十分有用的工具，它能够帮助教师为 0～3 岁幼儿提供高质量的游戏。

游戏和思维

图式

　　奈娜反复练习着一种包容图式。她把一个大木钉子在活动车辆的洞口插进去又拔出来。有时候她从不同的角度用左手做这些事，以便给自己增加难度，而有时候她在不经意间用最简单的模式重复着这些动作。接着她又开始新的挑战，做着诸如将不同形状的物体塞到邮箱中等更为复杂的事情。她会把杯子、碗和盆相互放进拿出，又放入房间墙角的烤箱中接着又拿出来，如此周而复始。她沉迷于把大型的器械放进棚子里这类事情和其他任务。例如，将玩具放进盒子或者把纸巾扔进垃圾箱内。她用三种不同方式玩藏猫猫的游戏，即用一块布盖着自己的眼睛或用双手捂着脸，并通过缝隙偷看周围的人。奈娜意识到教师在屋内进进出出后，她就紧张地吮吸自己的大拇指，同时要求她所信任的人来抱她。

　　艾希（Athey，1990）运用了皮亚杰的图式思维结构去观察儿童在游戏中的想法与行为方式。在她看来，图式的形成如同大脑结构和行为的反应方式一样，是在大脑的生理发展与儿童社会文化经验的不断相互作用下形成的（Bruce，1997）。

　　艾希（1990）鼓励教师要更多关注儿童游戏的形式而不是内容。当这样做时，我们或许可以理解为什么儿童从一个活动转到另一个活动中。在某种程度上，他们是在探究一种特定的想法或概念。当儿童到处移动，并探究验证自己的想法时，我们可以看到儿童总是频繁地去探究某种特定模式的想法和行为，例如进和出、运输和旋转。正如我们上面所观察到的，儿童在游戏中展示了一种潜在的逻辑。

那些怪癖甚至恶作剧式的游戏同样可能会给儿童图式的形成提供不少机会。将沙盘里的沙子倾倒在地板上或看着果汁从杯子里滴出来并顺着桌沿流到地板上，这并非是故意惹成人生气，而是他们对垂直的轨迹感兴趣。理解这些并不意味着可以纵容儿童去发展那些反社会性的行为，而是要求教师为儿童提供适宜的物品，例如提供另外的盘子或大的容器放在地板上来倾倒沙子。成人对这种形式的观察和认识能够使他们对儿童的游戏内容更清楚，从而扩展和丰富儿童的经验。

布鲁斯（1997）认为，对儿童来说，图式的功能有不同的水平。儿童通过感觉、活动和运动在感知运动水平上使用这些图式。马修斯（Matthews, 1994）观察到他 13 个月大的儿子吉欧在这种水平上探究了弧形的运动轨道。

> 吉欧喜欢拿着他的牛奶杯，协调这种新的技能对他来说并非易事。他总是会把牛奶洒出来。一次，牛奶洒在了光滑、明亮的水泥地板上。吉欧低下头以极大的兴趣观察着牛奶洒落后的形状。然后，他把右手放在牛奶中做水平的弧线运动，到处乱抹。很快，他的另一只手也参与了游戏，结果他的双手同时做圆弧运动，最后汇合于中线，直到它慢慢停止。用这种方式，他在溅出的牛奶中画出了两个大大的半圆。

在此之后，吉欧的父亲开始教他画画，吉欧能用新的方式去进一步探究这种图式。

到了感觉运动末期阶段，儿童（包括成人）将会在象征水平中使用这种图式。他们能够在因果水平上以一物代替他物，这是由于他们把某件事情的发生作为他们行为的结果。0～3 岁幼儿通过诸如跳圆圈舞、爬上爬下、绘画或模仿等行为动作强有力地表现他们的图式。

这种对于儿童游戏方式的理解，鼓励教师更密切地观察婴儿和学步儿的游戏，并根据他们的兴趣来引导他们。当父母或照料者观察图式时，会使他们感到自己可以很好地参与到儿童的学习当中。儿童很容易在描绘、画画和模型作品中表现结构图式，教师应当以书面形式、录像或照片进行记录并进行有效的分享。正如蒂娜·布鲁斯（1997）所说的："图式的研究……帮助成人更好地理解儿童……更容易与儿童相处，分享儿童与同伴相处的乐趣，同时也能帮助儿童以一种更深层次、更全面的方式去学习。"

然而，并非所有的儿童在任何时刻都能展示出一个或两个明显的图式。我们必须为儿童的游戏提供足够的空间，因为有时我们会由于缺乏认识而误解了儿童的一些自然探究行为。如儿童将蜡笔排列在桌上并不一定是对水平轨迹（图式）的兴趣。正如布鲁斯（1997）所说，"图式的研究并不能成为课程的一种，也不应该与儿童的学习和发展的其他各个方面相分离，应该融合于传统的高质量托儿所教育实践中"。

探究性和创造性游戏

埃米（16个月）把箱子搭了三层高，接着小心翼翼地在最上面放了一个硬纸管，随后整个搭建都倒塌了。他这样重复试了三次，每次都是同样的结果。第四次，埃米在最上面的箱子上放了一些链条，这样整体就固定了。他继续搭，并玩了15分钟。在整个过程中，他的照料者静静地坐在一边，饶有兴趣地看着，有时放一些有用的东西在他伸手能够到的地方。她继续在探究区内提供各种游戏材料，陈列在矮架上，整个一周或更长时间幼儿都可以来玩。

Key times for play

哈特（Hutt，1989）将游戏归纳为三类：经验性游戏、嬉戏性游戏和规则性游戏。在她所从事的研究中，她观察到儿童首先参与经验性游戏，当遇到一个新的客体后，就开始玩嬉戏性游戏。在经验性游戏中，儿童常通过探究和解决问题来获得他们想了解的知识，了解某物的用途以及它是怎样工作的，接着儿童把这些内容与他们重复进行的一类完全为了娱乐的游戏相结合，即假想性、嬉戏性游戏。哈特认为，这三类游戏都是有价值的，但是把"经验性游戏"视为更能促进认知发展的游戏，而嬉戏性游戏能够带来愉快的心情并获得技能（Hutt，1989）。

这种分类也许会引导教师更多地关注经验性游戏，这是视"游戏为工作"的方式。我们会发现，往往可以很容易确定儿童在经验性游戏中所获得的发展，而嬉戏性游戏中产生的诸如创造性表达之类的东西或许很难准确衡量。虽然我们知道创造性地表达内在的思想和情感是我们人类需求的一个基本方面，从整体上来考虑，这对社会也是一个重要贡献。教师所面临的挑战是如何为经验性游戏提供丰富的材料和游戏机会，并有助于进一步发展嬉戏性游戏。如果只是偶尔带来一些令儿童感兴趣的游戏材料，则无法将他们能做的整合到想象性游戏中，不能促进儿童的发展。

> 想象能够被教授……（或磨灭），因此激发、识别以及培养儿童的创造性是极其重要的。创造力和想象力不是少数人所拥有的天赋，我们应该希望每位儿童都能够富有创造性与想象力。
>
> （Gambetti，2000）

自由游戏

蒂娜·布鲁斯（1991）对儿童有机会参与"自由游戏"给予了非常高的评价。她指出，儿童能够从游戏中学习观点、关系，以及他们的身体、精神及道德中的自我。她承认，尽管游戏不是儿童唯一的学习方式，但是游戏却扮演着一个中心角色，因为游戏能够整合儿童所获得的经验并帮助他们理解自己学到的那些知识（Bruce，1991）。她定义了12种自由游戏的特征，其中许多与0~3岁幼儿的游戏关系密切。毫无疑问，从上述我们对婴儿和学步儿的观察中可以看出，儿童游戏强调的是游戏进行的过程而非游戏的结果以及游戏的内在动机。

布鲁斯（1997）强调，幼儿教师所发挥的作用是为儿童获得高质量的游戏经验而创造足够的时间、空间和机会。以这种方式，幼儿教师才能帮助儿童专注于各种想法、情感和关系，并学会运用、掌握和控制自身日趋成熟的各项能力，从而使儿童进行自由游戏（Bruce，1991）。

那些从事3岁以下幼儿教养工作和与其共同生活的人，可能会列举出许多儿童通过游戏学习各种观点、关系等他们亲身体验的例子。因此，足够的时间、空间与适宜的自由游戏的机会，是为3岁以下幼儿提供高质量游戏经验的最重要的方面之一，应给予关注。

成人在0~3岁幼儿探究和创造性游戏中的作用

观察游戏

正如其他游戏一样，教师在支持探究性和创造性游戏中的一个基本作用，就是仔细观察儿童是如何利用他们所提供的材料，并进一步组织活动，帮助幼儿练习各种技能，并以不同的方式去探究自己的想法。以这种方式提供的游戏活动对儿童群体更有意义，与儿童的能力相匹配，并为儿童力所能及的或经过努力后能完成的活动提供支持。但是教师的观察不能孤立或脱离儿童游戏的环境，所有参与到儿童游戏活动中的成人，都应该分享他们关于儿童当前的兴趣以及思维等各方面的信息，以便更好地理解儿童的游戏。

教师参与游戏

只有当照料者感受到乐趣并在与儿童相互游戏的过程中感到愉悦时，儿童才能够体验到作为人的快乐。

（Greenman & Stonehouse，1996）

当一小部分 2~3 岁的幼儿进进出出娃娃家时，雷切尔就和他们一起做游戏。在一起游戏时，雷切尔会不断启发朱施瓦、埃塞尔和艾迪劳拉去思考烤箱里放着碗却把门开着的原因，以及如何运用烤箱手套来调节奥利弗与埃塞尔之间的距离。她示范并启发着他们玩假想性游戏的情节，当这个烤箱再次被"打开"以及她吃了"为她提供的一盘子冰和奶酪"时，她说道："哎，它（烤箱）太热了。"她让孩子们效法安娜给妈妈打电话的行为，并鼓励其他儿童再找一部电话，玩给妈妈打电话的游戏。当所有的儿童正想象着打电话时，雷切尔建议他们一起玩假想性游戏，并通过强调关键词语或者使用信号和手势来促进他们的语言发展，特别是对于那些把英语作为第二语言的儿童。她所强调的词语是那些儿童都特别感兴趣的，例如"小帮手""汽车"和"狮子"。

（关键期录像，2001）

教师是游戏环境中最重要的组成部分，因此在游戏期间，教师参与到儿童的活动中就显得非常有必要。为了达到这一目的，教师通常要与婴儿和学步儿一起待在地板上，与他们保持同样的水平位置。更幼小的婴儿还不太会自己娱乐，所以对于这一年龄阶段的儿童来说，教师更要不断地帮助他们扩展游戏活动的经验。经常与儿童一起游戏，教师就能逐渐敏感地察觉到什么时候适宜为儿童提出新的建议或提供新的支持，从而减少不必要的干预，以此来促进儿童的游戏与发展。

教师如果能够深入地了解儿童在何处易于得到发展，他们就会在创设游戏环境的过程中考虑如何促进儿童提高相应的能力，并且参与和扩展儿童丰富的假想性游戏。作为儿童的游戏伙伴，意味着教师要参与儿童的游戏，并且关注他们所感兴趣的事情，这也许和预订计划的活动有所不同。在自由游戏中，教师要能灵活地鼓励婴儿和学步儿以他们自己特有的方式运用材料去进行探究和实验，尽可能减少直接指导。教师与婴儿在一起，重要的是不要以自己的活动去限制他们，而要使自己的行为适宜于婴儿所发出的各种信号。为了保持支持儿童游戏与允许他们自发探究和表达之间的平衡，教师在任何时候都应具有敏感性，以便把握参与儿童游戏的时机，清楚何时、何地参与儿童的游戏，以及是否适宜介入等问题。

赞扬

与0～3岁幼儿工作和生活的成人都会意识到，儿童是多么渴望使他们的照料者高兴，如果我们经常赞扬儿童的行为，就会使他们意识到自己得到了成人的肯定。然而仅仅运用笼统的赞扬，例如"好孩子"，并不能使儿童了解他们已经做了什么"好"事情，又如，"你玩得很好"这一评价是很模糊的，这样的评价既无法对儿童提高其内在理解力有益，也不能使他们学会控制自己。应当对什么是"玩得好"进行具体、准确的评价。

同样地，如果只关注儿童行为的结果，或仅对成绩进行赞扬，例如"做得好"，并不足以承认儿童所付出的努力。这将导致一种习得性无助，儿童会认为只有他们所做的事得到了成人的赞扬才是有价值的，从而导致了他们不再依靠自己的判断，并且减少了对活动的内在满意度（Katz，1988）。

　　坐在绘画区附近的一位教师注意到，当她对一些把自己的画拿给她看的儿童说"多美的画啊"时，另一些儿童会迅速地走到画架前，用笔快速地胡乱涂上几笔，然后把完成的作品交给她以获取赞扬。

　　这并不意味着我们不应该称赞儿童的劳动成果，但我们也应该关注他们的失败，理解他们的努力，而不仅仅是成功。成人需要分享儿童在发现与探究中的喜悦，表达真诚的兴趣与热情。如果儿童意识到某位教师的反应是不真诚的，他们将对这位教师失去信任。

支持创造性

　　马修斯认为，教师应当形成运用动作、形状和物体去进行构造，去阐明经验、物体和事件，或去表达情感等一系列技能，从而形成婴儿和照料者之间的活动场所，一个包括物质和心理的空间。没有这些技能，顺畅地运用表征手段，或使用象征物和符号是不可能的（Matthews，1999）。

　　如果对此有所认识，并加以理解，一个有经验的教师将会非常注意他们在儿童发展创造性上的影响，这一影响贯穿在儿童的游戏和学习中。如果婴儿和学步儿对自然现象感兴趣，例如，光线中的灰尘，观察跟随他们的影子和午后天空中的月亮，这意味着教师应与婴儿和学步儿一起在户外活动，支持他们对自然界的兴趣。

　　婴儿和学步儿通过移动他们的整个身体，以及用自己的嗓子或其他物体发出声音，来对不同类型的音乐和歌曲做出反应；他们选择为了自己而参与活动，并通过丰富的表现来利用它。在年幼儿童那里，可以看到他们挥舞、敲击和摇动手臂，而在稍微年长的儿童那里，可以看到同样自发的活动，如滑动、跳跃、旋转、打转和摆动（Davies，1995，2002）。婴儿和学步儿运用他们的身体运动去重塑或呈现经验，例如在玩了旋转木马后，会发现他们开始绕着一条腿转等。

我们在第五章中阐述过婴儿和学步儿运用语言进行创造性游戏，以及培养儿童利用语言进行游戏的重要性。同时，儿童叙述能力的发展使教师培养其早期读写能力的热情大大增加。维维安·加斯-普莱（Vivian Gussin-Paley）专门探讨了虚构性故事的发展是如何对4～7岁幼儿的社会性和个性理解力产生作用的。她在《在土丽太太的房间里》一书中描写了她是怎样去接近孩子，倾听他们的故事和观看他们的表演，这也同样适用于2岁幼儿。他们的故事有1个、2个或3个词："妈妈""妈妈，擦干净""让我尽情地吃"，而且故事主题大都是有关母亲的，似乎主要目的就是把他们的妈妈记住。她评价道，当他们每个人用不同的动作或活动表现"妈妈"这个词的时候，也就是这些2岁大的幼儿"正在表演故事"（2001），她还描述了他们怎样互相影响，从而成为他们表演的一部分。

> 土丽夫人坐回到凳子上说："这很神奇，你不这样认为吗？我是说这些婴儿讲故事的方式就像他们天生就会如此。"更有趣的是，我在会议上遇到的大多数人甚至不知道2岁的孩子能这样讲故事。尽管这与游戏没有什么不同。
>
> （Gussin-Paley，2001）

上述讨论的创造性游戏的类型并不常被关注，教师也很少为0～3岁的幼儿提供相应的游戏环境。绘画则更为广泛地被当做创造性活动来提供。然而，这并不意味着对儿童的创造性有充分的支持，特别是当培养儿童的创造性被视为等同于复制成人观点的时候。例如，婴儿和学步儿自发绘制的水仙花未能得到重视，因为它们看起来不像成人认可的任何东西。

　　了解婴儿和学步儿是怎样成为技巧熟练的、富有想象力的绘画者，有助于教师抗拒来自父母和其他同事的压力，并最终获得成效。在成人画好的形状或物体上涂颜色或在影印纸上涂色是不能培养儿童的想象力和创造性的。用毛绒做贴画或许会使绘画活动转变为无意义的任务，因为这种涂色和绘画活动，更适合于为某人在工厂流水线工作做准备，而不是成为一个有创造性的厨师或设计者。如果坚持要学步儿穿围裙才能进行绘画活动，如果只有坐在桌边才能参与，则总是会包含许多等待或轮流交替，就会阻碍他们的绘画活动。

　　有经验的教师通过尊重儿童的图画来表达对他们作品的重视。例如，细心的摆放和展示这些绘画，不把他们的作品剪成不同的形状或在上面写字。有经验的教师能了解到儿童经常将他们的绘画与他们过去常进行的创造活动相联系，而且教师也会非常关注儿童的创造性探究，以这种方式来帮助儿童，而不打扰他们思维的流畅。通过教师非障碍性的支持，可以为儿童的探究提供情感上的安全感。

　　总之，有经验的教师知道婴儿和学步儿能够通过游戏、探究和日常生活经验来获得新技能和理解力。他们重视并鼓励游戏作为儿童日常生活经验的一部分，认为教育与良好的照料是密切联系的。他们重视自己成为儿童的照料者和教育者的双重角色，并且能理解：教育儿童意味着自己成为一个促进者、一个角色模范、一名观察者和儿童学习的"支架"者，而非只是讲授者。

0~3 岁幼儿探究、思维和想象的游戏经验

　　提供给 0~3 岁幼儿游戏经验的适宜性，可以通过它们在多大程度上与个体儿童的发展和兴趣相匹配，以及它们如何与婴儿和学步儿的个性特征相协调等方面来判断。百宝箱和启发式游戏（Goldschmied & Jackson，1994）适合刚会坐、不能到处爬的儿童和 12~20 个月的学步儿。它们的设计能够满足儿童以他们独特的方式

去探究的强烈愿望。

探究百宝箱

戈德凯米德为婴儿，如莎拉设计了百宝箱游戏，这些婴儿能独立地坐着，因此可以在一个较理想的位置进行探究。她指出，百宝箱的内容应该是用自然材料做成的物体和那些每天在家里使用的物体，以为婴儿提供不同质地、温度、重量、形状、声音和味道的丰富的感官游戏经验。她认为，如果需要的话，婴儿可以被支撑着坐，因为坐在百宝箱旁边可以进行更好的探究。这个箱子应该有直边，这样能靠着它而不倒。成人最好保持安静并且密切关注婴儿的一举一动，当婴儿游戏时，控制自己参与其中的冲动，在保证安全的基础上允许婴儿按照自己的步调进行探究（Goldschmied & Jackson，1994）。

在启发式游戏中探究和调查

和百宝箱游戏一样，启发式游戏提供了丰富的探究材料和活动，并且与学步儿的个性相协调，例如，身体的积极活动，喜欢收集、分配、掏空和重新装满、摇晃、打击和寻找等。收集和运送来的不同容器和各种物体为学步儿在特定的游戏阶段在特定的准备好的区域进行探究提供了准备条件（Goldschmied & Jackson，1994）。

丰富而广泛的材料有利于儿童长时间的集中游戏而不会被打扰。启发式游戏促进儿童解决问题能力的形成，发展对差异性和相似性进行观察、选择和实验的能力，这些都可以从本章前面对埃米的观察中看到。

通过图式探究和思维

尽管约翰在不同的地点、用不同的材料进行游戏，但他似乎依然表现出对封闭事物很着迷：他睡觉时用被子盖住自己的头；用纸巾把肥皂和刷子包起来，他坐在沙坑里，用沙子盖住自己的腿。注意到这些后，我们把礼物包装纸放到了艺术角，在化妆盒旁边放置一盒头巾，在地板上放置装满碎纸的玩水管道，以便让他爬进去进行更多喜欢的探究活动。

约翰对探究封闭事物感兴趣，而其他儿童的探究兴趣也许是运输。有关0～3岁幼儿的一般图式的详情可以在"关键期结构"中获取（Manning-Morton & Thorp，2001）。设计优秀的游戏经验可以促进儿童的思维和探究，并与个体儿童的兴趣和思维特点相匹配。通常情况下，提供给一个儿童的材料也能被另一儿童使用。例如，弗瑞尔的运输图式引导她把碎纸与约翰的封闭图式中的沙和水相混合。

通过制作标记材料进行实验和想象

婴儿和学步儿经常显示出他们用食物、饮料、木棍、石块、水及更多的传统绘画和颜料材料上做标记的能力（Duffy，1998）。当他们用制作标记的材料和工具进行探究以及实验时，他们对自己的创造力、表达能力和交流能力是很有信心的。需要重申的是，所提供的游戏经验的匹配程度，将会影响到儿童是否相信自己能成长为一个有创造性的人。

长长的墙纸、朴素的平纹布，覆盖了整个屋子的地面。五个宽底座的颜料桶放在地板上，旁边有许多刷子和滚筒，每个桶中不同颜色的颜料大约占整个桶的1/4。艾利带着纽拉（10个月）、约翰（22个月）以及拉姆和弗瑞尔（他俩都是18个月大）只穿着尿裤进入房间。约翰径直走向了红色颜料桶，并把自己的双手浸入颜料里，把自己的胳膊和腿都弄脏了。弗瑞尔将蓝色颜料倒入黄色颜料里，仔细地进行搅拌。艾利正把其他自己所能混合进去的东西加进桶里。拉姆热衷于敲击，这意味着他不久就会厌倦用手画出弧形，而是从一个桶走到另一个桶，先在桶里轻蘸了一下他的刷子，然后再画在纸上。纽拉饶有兴趣地看着他，并开始模仿他的动作。

这种游戏经验与儿童的发展能很好地协调。儿童能够用大臂和腿活动，用整个身体去探究颜料和做标记。经过一段时间后，他们的手腕和手指便得到了充分发展，能用小的工具活动。儿童的腿和手臂不再受衣服的束缚，为了让他们进行玩水游戏，浴室里还准备了水管，当儿童彼此之间的兴趣不一致时，教师承担了观察和促进儿童游戏的角色。

教师能够提供很多做标记的经验，并提供不同的物体让儿童在其表面上做标记。除了玉米粉、颜料和笔之外，还可以给学步儿提供家用油漆刷子和小水桶，用它们在地上或墙上涂画，或者给他们提供盛放干扁豆或面粉的水盘。用泥、湿沙子和黏土来搅拌、涂鸦、印花甚至滚转，所有这些都会成为令儿童兴奋的制作标记的经验。如果日复一日地给儿童提供这些材料，习得的技能将不会被忘记，并且儿童运用颜料、绘画和创造的技能会随之增长。此外，作为天生模仿者的学步儿，可以从他们的同伴那里学习新的技能。

多萝茜·塞莱克（Dorothy Selleck，1997）回忆起在瑞吉欧爱米利亚托儿所里经历了一场暴雨后，儿童们在户外游戏的场景。

一些学步儿的粗棉布衣服背后用来包裹的丝带在沙沙作响。他们像一群没有展开羽毛的、趾高气扬的、咕咕叫的孔雀，兴奋地在泥地里"拖出"他们的"尾巴"。潮湿的丝带在小路上形成了有趣的图案。学步儿显得异常兴奋……活动结束后，将带泥点的丝带放进了箱子，小路上潮湿的痕迹在阳光底下挥发了。

这种创造性经验的一个重要方面是：它与学步儿的活动性特点相吻合。雕塑家芭芭拉·海普沃斯认为，身体运动对于促进儿童创造性的发展非常重要。她叙述了自己的个体经验，认为早期经验深深地影响着她的创造性，正如其所说的：

> 我所有的早期记忆都是形状、形态和质地。爸爸开着车带我穿过了西部秀丽的景色、绵延不断的山脉、蜿蜒曲折的道路。最重要的是，穿过山谷和山峰时我体验到了丰富的身体运动——通过大脑、手和眼睛来感觉、触摸、观看。我不会忘记这些感觉。我，一位雕塑家，成为了这一景色的组成部分。
>
> (Barbara Hepworth Museum，1977)

作者对盖姆贝蒂（Gambetti，2000）所说的话同样产生了强烈的共鸣，"我们希望每个儿童都能够富有创造性与想象力"。

第七章 创设支持 0~3 岁幼儿游戏、发展和学习的常规与环境

游戏贯穿于幼儿的一日生活中

苏和她的两个重要儿童在浴室里，一个是还带着尿布、开始学习使用厕所的亚历克斯（27 个月）；另一个则是有着丰富使用厕所经验的波莱特（30 个月）。当苏蹲在亚历克斯旁边时，波莱特去了厕所。苏开始唱自己熟悉那首的歌谣：

苏："我们要做什么呢？我们要摘掉你的尿布，接着呢？"

苏和亚历克斯（一起说）："亚历克斯去厕所！"（她俩都憧憬着这一情景。）

苏："我们能先脱下你的短裤，让它（上厕所）变得容易些吗？"

苏帮亚历克斯把短裤拉下来一点，她自己把短裤拉到脚底，两脚跨了出来，随后把短裤交给苏。她们手拉着手去厕所。亚历克斯倒退着进了一间厕所，苏弯下腰，解开尿布的一边。

"你想做吗？"苏问她。亚历克斯也把它脱了下来，倒退着蹲到了一个矮些的厕坑。当苏处理尿布时，亚历克斯用脚关上了一米多高的门。她喜欢"仅仅关着但并不上

锁"。波莱特和亚历克斯大笑着,隔着厕所小间的墙壁,她们彼此叫着对方。波莱特在隔壁的厕所里,门被闩上了。

苏:"你需要帮助吗,波莱特? 你尿完了吗?"(她们一起聊天。)

亚历克斯:"我尿完了!"

苏(在门口微笑着):"你尿完了,真棒!"

不久,这两个儿童并肩站在矮些的洗脸盆前,把双手涂抹上肥皂,接着用水冲洗。她们还兴高采烈地用水冲着墙上的镜子甩。

苏:"嘿,波莱特,亚历克斯上过厕所了。"(波莱特已经成为帮助亚历克斯掌握这些诀窍的专家同伴了。)

波莱特:"亚历克斯上过厕所了!"

她微笑着看着亚历克斯。亚历克斯骄傲地重复着这句话。波莱特拧上水龙头,拿了张纸巾。她擦干双手和镜子后,把纸巾扔进了垃圾桶。亚历克斯也跟着模仿着她的样子做。

(关键期录像,2001)

课程中的保育和游戏

在"保育"和"教育"之间,"教育"似乎更被关注,这就使教师不得不面对一个两难的局面。如何既能恰当地强调儿童身体保育的常规,又能通过游戏支持儿童的学习并获得信任,就需要教师理解并能清楚地表达出真正广泛而合理的幼儿(0～3岁)课程究竟是什么。正如上述观察中所看到的,在浴室里、在餐桌上、在寝室里以及在一天当中,婴儿和学步儿随时随地都在通过游戏进行不断的学习。

采取一种平衡的方式意味着:不仅仅要将课程看成是在非常规

时间为游戏活动所做的计划，还要适当地安排一天的整个时间。常规保育时间是一对一交往、集中注意、持续交谈和重复、回忆经历的关键时刻，这也是开展幼儿所喜欢的游戏的时间。苏提到：

> 波莱特和亚历克斯冲洗镜子，和上厕所一样，是她们盥洗室常规里的一部分。当她们给镜子抹肥皂并用水冲洗时，她们热衷于和镜子中的自己捉迷藏，并从中得到乐趣。

设计这样一种课程的教师认识到，对于婴儿和学步儿来说，游戏和身体保育之间的区别与游戏和学习活动之间的区别是同样模糊的。

当把整个一天的活动都计划好时，平衡才可能实现。以下是需要讨论的一些内容：

● 一天当中教师的敏感性和行为的有效性，尤其是在保育时间里；

● 组织进餐的方式，包括餐前和餐后时间的组织；

● 组织盥洗、穿衣和睡眠时身体保育的方式；

● 如何使游戏机会最大化，如何使游戏符合婴儿和学步儿的兴趣、能力和个性；

● 一日活动的组织方式、分配给常规保育的时间和时间表的灵活性；

● 对待群体里出现的性别差异、民族差异、能力差异以及家庭结构差异的态度；

● 身体游戏所需环境的规划方式，包括设备的可利用性、所运用的资源和家具的类型等；

● 安置新来儿童、日常问候儿童、帮助他们向家长告别和帮助他们习惯一日生活的各种措施。

格林曼（Greenman）和斯腾豪斯（Stonehouse）合著的《黄金时段》一书强调了规划好保育时间的重要性，并将其描述为"黄金时段",且认为：

> 在集体保育中，设计出能真正授权给儿童、促进其发
> 展的保育常规是一种巨大的挑战……建立丰富的学习环境
> 的主要目标是让儿童不受约束地游戏，这样，保育员就可
> 以有充裕的时间去给他们换尿布或教育他们：触摸、说
> 话、倾听、玩各种问答游戏。
>
> （1996）

　　遗憾的是，教师把一天中的这些时刻也定义为最紧张的、最费神的时刻，即婴儿急着要吃或睡的行为很有可能会同时发生。它们也是保育员的计划与学步儿的想法最可能发生冲突的时刻，尤其是当儿童发现游戏机会而教师没有发现的时候。

　　当教师对这些时刻的看法从视其为"常规"转变为"黄金时段"，认为这是重要的生活－学习游戏时间时，他们将给予儿童所需要的时间和认可儿童的需要。波莱特和亚历克斯正在学习如何教和鼓励他人、尊重他人的偏好和友谊、养成良好的卫生习惯、控制自己的身体、照料自己以及认识肥皂和清水对镜子的作用。

教师的教育方式

　　格林曼和斯腾豪斯（1996）为教师开展身体保育常规提出了以下几点指导方针：

- 始终帮助儿童形成积极的自我概念是最为重要的；
- 牢记教师的肢体语言、声音语调以及他们对待儿童的方式都会将信息传递给儿童；
- 避免当着儿童的面和其他人谈论儿童，就好像他们并不存在似的；
- 不要显示自己对某些食物、身体废弃物或排泄物的态度，

以免在保育时间对儿童产生负面影响。

　　教师或许会发现，反思保育常规对于促进儿童开展游戏和保持自我的作用是有益的。对于学步儿来说，这意味着身体活跃、肯定、行为仪式化、在独立与依赖之间波动、只知道现在和这里、在自我控制上需要帮助、注意力不集中、常有突如其来的恐惧感、交流能力有限、经常改变想法、爱模仿、好奇，所有这些都是1～3岁幼儿的重要特征（Stonehouse，1988）。

　　教师或许希望在每次的保育时间结束时能够反思自己的感受。良好的组织过程会让教师对自己的工作引以为自豪，因为他们适宜地参与，并为儿童创造了游戏的时间和机会。他们允许那些需要依赖的儿童依赖他们，也允许其他儿童拥有时间和资源，从而变得更加独立。

　　尽管上述是值得提倡的目标，需要纳入到0～3岁幼儿教育机构的政策中，但婴儿和学步儿并不会阅读这些文件。他们是通过教师对细节的关注来进行体验，正如本章开头的观察录像中所举例说明的那样。

分离时间

　　格林曼和斯腾豪斯（1996）认为，幼儿与其父母分离的方式会影响他们之后全天的生活。把每个父母与儿童分别时的例行习惯录制下来，以便了解所有幼儿的这些例行习惯，会有助于幼儿获得安全感，能理解和预见所要发生的事，并能平静下来专心游戏。当父母和儿童来园时，如果教师能腾出时间问候他们，不同时进行组织游戏活动与接待儿童这两件事，那么在入园接待时间他们更有能力提供必要的支持。此外，如果环境支持儿童的独立游戏，且不需要成人过多的参与，那么这段时间教师的压力自然会相对小一些。

　　如果教师能够体会他们精神上的痛苦，那些在分离时间焦虑不安的婴儿和学步儿将更容易接受安抚。通过语气、肢体语言和行为，我们可以与婴儿和学步儿进行深入的交流。

　　温存地把一个婴儿或学步儿抱在怀里，深情地说："我知道，不得不和爸爸说再见是可怕的。"这样做远比抱着儿童上下晃动，告诉他"别担心，我们去看仓鼠"更能有效地安抚儿童。

　　毫无疑问，总可以找到一个地方让焦虑的儿童关注正在发生的有趣的事情，例如喂养仓鼠或接着玩父母离开前所玩的游戏。然而，仅仅这样做而忽视儿童的悲伤，是不尊重他们的情感的，同时也会传递给儿童错误的信息，即不安的情绪没什么大不了的！此外，处于悲伤状态下的儿童也无法开展游戏。

　　对于儿童来说，在一天当中的重要时刻说明父母什么时候回来，远比告诉他们妈妈随后就回来更有意义。

　　当老师告诉吉娜（2岁6个月）"吃完三明治妈妈就来了"（她称其为茶点时间）时，她就安心了。给她权利去选择和控制她的过渡物品"小狗"的活动，也能安抚她。通常在午休后，她会把"小狗"带到办公室，请求老师把它放在窗台上"守候妈妈"。这样能让她高高兴兴地离开，并安心去玩。

（Manning-Morton & Thorp，2001）

洗漱、如厕和换尿布时间

　　如果每个教师都带着自己小组内的儿童去盥洗室洗漱、如厕和换尿布，儿童会有更多的时间和机会玩，教师也会有更多的时间和机会培养学步儿的独立性和社会技能。这将使儿童和教师都感到欣喜，并减少压力。与此同时，其他小组的儿童能够继续进行现有的游戏活动，或者各自欣赏一首歌曲、一个故事，或把床铺好。如果在盥洗室里，毛巾、垃圾桶和卫生纸随手可得，水龙头可供儿童的小手自如开关，那么就可以较好地培养儿童的独立性。这些措施的积极作用是显而易见的，它们可以通过观察录像里亚历克斯和波莱特所表现出来的自信和自理能力得到证实。

要使环境适合游戏，重要的条件之一就是要营造一个儿童之间、成人与儿童之间相互关心和照顾的氛围。考虑到婴儿和学步儿想要自己换尿布、洗脸或擦鼻子的意愿，教师应为这种行为提供榜样。在儿童比较他们的身体特征时，教师应当敏感地发现和积极地承认儿童之间的差异。矮镜子和塑封的儿童照片可以激发有关这些物品的游戏和讨论。大一点儿的学步儿，像波莱特，将以他们学会的专门技能而自豪，这有助于学步儿的社会技能和自尊的健康发展。

进餐和点心时间

对所有人来说，没有什么比吃更重要的了。提供熟悉的食物能够安抚不安的、新入园幼儿的情绪（Greenman & Stonehouse，1996）。如果允许幼儿将进餐时间当做游戏和学习的时间，他们将会享受进餐的过程，进而喜欢那些有营养的食物，也更可能逐步形成对食物的积极倾向。幼儿对食物和饮料感兴趣，会把它们拿来玩并且研究食物的质地、颜色和浓度。他们热衷于混合、倾倒饮料，用手指、调羹或叉子制作模型，如第六章中吉欧的行为（Matthews，1994）。一些教师意识到需要从自己成长的经历中总结经验，以允许幼儿做出这样的行为。

如果桌子不是被摆得满满当当的，儿童们不是紧挨着坐在一起或一个大组坐在一起，那么一种良好的氛围将会更容易形成。婴儿和学步儿不会非常愿意待在桌子旁，哪怕是要求他们坐在那里等着食物准备好、温度合适；或是要求他们等到每个人都分到食物和每个人都吃完。相反，如果进餐时间给予儿童最大限度的独立，鼓励他们练习动作，例如，一个小组负责摆设餐具，这样可以使他们愿意待在桌子旁。如果使用带盖子的小水壶，那么儿童可以自己倒饮料而且不会洒得到处都是。

事故往往在进餐时发生，因此，事先做准备有助于教师处理可能发生的混乱。那些最近学习扔东西的婴儿弄坏了许多调羹；不会说话的儿童则可能把他们的盘子推开，甚至将食物倒在地板上，以此来表示他们已经吃饱了。如果教师和她的那一组儿童一起进餐，教师应当能够预见潜在的困难，并注意到每个儿童的特质，维持游戏和吃饭之间的平衡。就如我们在第四章中观察苏、波莱特和杰克时所看到的那样。

睡眠和休息时间

在儿童睡着以前，他们常常聊天并且进行言语游戏，就像第三章的观察录像中雷之所做的那样。让自己在别人在场的情况下入睡，这需要有很强的信任感。当我们睡觉时，我们停止了控制，变得脆弱。如果教师在安置婴儿和学步儿睡觉时能够遵从他们的个人习惯，在他们醒来时又能陪在他们身边，那么婴儿和学步儿即使在这种脆弱的时刻也会得到放松。当然，也会有教师不在场的时候，但如果有另一个熟悉的且了解他们个人特点的成年人在场，这也将有助于婴儿或学步儿获得安全感。

卡拉（10个月）在她躺下睡觉之前总喜欢在床上蹦。当其他五个婴儿香甜地入睡时，她还在抓着她的小床的栏杆蹦蹦跳跳。她的老师说："午餐过后卡拉总是这样做。在这之前她都不能安静下来，所以我总是让她最后睡觉。或许蹦跳有助于她的入睡！"

卡拉的老师已经把这一信息连同小组所有婴儿的特殊信息一起记录下来,并贴在壁橱门的背后。

睡眠和休息时间也是儿童形成自我概念的重要时期。保持生活常规不变,保持休息用的小毯子或小床的布局不变,能够让儿童轻松地找到自己的位置,放好自己的衣服,醒来时能够再次找到衣服。学步儿很快就会清楚谁在哪儿睡,知道每个儿童的床罩和睡觉用的特殊物品。

离园时间

离园时的游戏环境常常被忽视,因为儿童被一起安置在一个陌生的空间里,而且还要和陌生的成年人在一起,他们需要学会适应托儿所的轮班模式。每天的这个时候,很多幼儿很难适应这种集体共处的状况。维持一个儿童相对熟悉的环境,保证他们不会有太多的变化,会对他们有所帮助。如果幼儿知道将要发生的事,他们会更安心。

汉娜上早班的时候,始终注意向她所照顾的孩子们说再见,并告诉他们接下来谁会照顾他们。她也会告诉孩子们她是否要离开。那些儿童中的每个人都有一个特别的盒子,里面有上发条的玩具和能够发出各种声音的玩具。一天的活动结束后,每个儿童都洗干净、换好衣服准备回家时,他们就可以玩这些玩具。她说,从由教师照看变成由他们的父母或养育者照看是一个非常情绪化的时刻,因此,他们运用了很多方法来帮助儿童度过这一时刻,尤其是当父母或养育者来晚的时候。

如果一天结束时要求儿童穿好外套坐着等待,他们也许会接收到这样的信息,即他们是一个令人讨厌的人,他们因逗留过久而不再受欢迎。在儿童附近整理和码放家具时也会产生这种消极的影响。成人也许对这种情形所带来的感受并不陌生，就像他们在餐馆就要打烊的时候去吃饭一样。

环境对游戏、发展和学习的影响

铺了地毯的地面，没有桌子也没有椅子。只有一个又大又圆的固态泡沫物体，大致和许多婴儿的胸一边儿高，为站立的婴儿提供了一个支持平台，以便他们在玩弄摆放在表面的两三个电话时可以靠着它来支撑自己的身体。哈茹不停地从小球池里爬进爬出，当他在池里时就把小球往外扔，出来后又把小球捡起来再扔进去。露西和凯蒂正在探究透明的塑料隧道。成人的支持能够使她们从事这些活动而不出意外。她们喜欢爬进爬出，看见彼此时则兴奋地敲打着隧道。

杰米在一个矮的滑梯或攀爬架上欣赏高处的美景，而大卫和贤则在分享一个洞穴，这个洞穴是用门帘替代矮柜的门，用软垫替代矮柜里面的架子而做成的。和往常一样，贤从放在矮架子上的拼图玩具中选择了一套并带进洞穴里玩。

房间四周的壁板成为了展示婴儿单人照、集体活动照和集体出游照的展板。墙上另一个矮的布告栏里则展示了婴儿的家庭照和宠物照。所有的照片都被欣赏过。杰米透过盥洗室门上的矮窗口，向负责照顾她的老师打招呼并挥手致意，而她的老师正在给另一个婴儿换尿布。

放在房间角落里一块长而矮的镜子旁的小地毯，成为了两个还不能到处走动的儿童的乐园。哈利正在敲打悬挂在地毯上方的绳子上的一排CD。

该环境的观察者指出，此婴儿室是一个安静但有活力的游戏环境；3～18个月的婴儿正在忙于探究。成人坐在房间周围的地板上或坐在一个有靠背的矮长椅上，积极地观察、聊天、和婴儿们一起游戏，必要时提供所需要的帮助。派克·伟特（Patrick Whitaker, 2000）将组织环境分为两个截然不同的类型——心理环境和物质环境，前者给予组织里的成员精神和情感层面的体验，后者是我们用感官体验到的环境。

游戏的心理环境

如果儿童遇到的所有经历都会对他们未来的游戏、发展和学习产生影响的话，那么教师不仅要考虑有形的因素，也要考虑无形的因素，这一点十分重要！教师很可能意识不到这种隐性课程，即未加计划的课程，但是儿童能够从中学到很多东西。0～3岁幼儿在日常生活中的许多经历都是未加计划的，正如我们之前已经强调的，儿童吸纳周围环境中的一切，尤其是在其与主要抚养人及同伴之间的行为与交往过程中更是如此。

成人分配不同活动的时间和注意力或许会暗示儿童：哪些活动是更有价值的，而哪些不是。让学步儿在午餐后帮忙整理，或许这会被认为没有玩"混乱游戏"那么有趣、有价值。然而，正因为学步儿这样做了，这其中的每一个细节都和教师认为很重要的手指作画活动一样令人兴奋。我们来比较以下两种游戏经验的丰富性：一种是学步儿帮着把休息垫子连同每个人的毯子或过渡期物品搬出来，放到正确的位置；另一种是学步儿运用形状分类玩匹配游戏。儿童也能够从成人的行为中辨认出图形命名、颜色命名和计数比假想游戏或攀爬更重要，然而我们已经证实，假想游戏和身体游戏对于儿童的认知发展和语言的获得也会产生积极影响。

相比其他儿童而言，教师可能会和某些儿童玩得更多。男孩在欺负女孩的时候可能会吸引教师更多的注意。不受欢迎的行为和教师接受并倡导的行为相比，可能占据了教师更多的时间。儿童将会从所有的这些可能中学习。那些得到较少关注的儿童会觉得自己对于成人来说并没有那么重要。游戏经历和环境也许只反映了一种文化背景，而忽视了其他文化背景；儿童也许会认识到，他们熟悉的事物是不被赏识的，在家庭以外是不被认可的（Drummond et al.，1989）。

课程是由教师决定的，并反映了教师的偏好、价值和信仰，而这些都体现在他们所创造的物质环境中。如果教师认为人们需要通过掌握大量现存的知识来适应社会，把儿童看成是空的容器或一张白纸，而把自己看成是知识的传授者、智慧的源泉和儿童生活的权威，那么他们就不会认为自由发展、自我指导的游戏是有价值的。他们会把适宜的游戏环境描述为是由成人控制的、由成人指导游戏和学习的环境。

另外，如果教师相信世界需要的是能够自我指导、有同情心、有创造力、有想象力以及能适应变化的人，并且将儿童看成是完整的人，认为他们的创造力和想象力必须得到鼓励和支持，那么他们就会重视游戏，并将其视为实现这一目标的途径。教师将创造这样一个游戏环境：游戏资源丰富，鼓励探究和发现，帮助儿童运用他们的主动精神去独立行事，允许儿童做出选择并解决问题（Drummond et al.，1989）。

游戏的物质环境

游戏环境是课程中的一个至关重要的组成部分，而且影响到婴儿和学步儿的需求是否能够得到满足。研究者表明，环境质量可以清楚地反映出教师行为和儿童反应之间的差异。伴随高质量环境的是敏感、友好的教师和充满兴趣、积极参与的儿童；伴随低质量环境的是不置可否的、感觉迟钝的教师和兴趣不高、较少参与的儿童，以及数量繁多的规则和限制（Howes et al.，1992）。

我们中的大多数人都有过这样的经历：我们的感受和行为随着环境的变化而改变，无论是去图书馆、逛一月份大减价时的百货公司，还是逛好玩的集市、在海边或者待在家里等。由于体验的人不同，不同的环境都可以成为积极游戏和感觉舒适的地方。如果环境对成人有如此重大的影响，那么它对于年幼儿童的影响则更大，因为他们的感觉更敏锐，应对不适或压力的能力更弱。幼儿的感觉是根据环境中的刺激逐渐获得的，而这一过程中幼儿所运用的是成人已经掌握的或忽视的方法。因为他们不能够随心所欲地与周围的环境隔绝，而且也无法选择离开。一些教师利用舒适的质地、气味和声音，如水、泥土、花、草、树，努力使婴儿和学步儿获得宁静、愉快的感官体验，为儿童提供丰富的物质环境。

当评价幼儿的游戏环境时，教师需要了解：环境是否安全、熟悉，或者成人是否会定期改变它？环境是否反映了儿童的家乡、家庭和社会背景？儿童知不知道东西放在哪儿，能不能找到？所有这些都很重要，因为它们会对以下几个方面产生直接影响：

- 幼儿的健康情感和自我概念的形成；
- 幼儿的审美感受和创造力；
- 幼儿通过影响环境体验能力发展的需要。

教师不仅要考虑环境的美感和实用性，还必须考虑环境的结构，例如群体的规模、年龄范围和群体中的师幼比。豪尔斯等人（Howes et al., 1992）将结构变量和过程（互动等）变量作为衡量"质量阈值"的指标。他们的研究表明，婴儿在6人或更少的群体中，学步儿在12人或更少的群体中，更有可能获得发展适宜性的游戏经验。他们也发现，婴儿在师幼比是1：3或更少，而学步儿在师幼比是1：4或更少时，更有可能获得好的照顾和良好的游戏体验。许多照料0～3岁幼儿的教师指出，由于教师队伍的缺失和流动，难以维持这些最小的比例，这导致他们经常要照料更多的儿童。他们将这一点看成是达到预设标准的主要障碍，以及造成压力和挫折的主要原因。如果想达到高质量标准，那么就不应该忽视这种结构和组织因素对教师组织儿童游戏能力的影响。

培养亲密关系的环境特征

我们已经明确了婴儿和学步儿的基本需要是与亲密的人建立关系，这种亲密关系有助于他们在游戏中表现得自信。培养这种关系的游戏环境应该包括安静的、舒适的室内角区和室外角区，并考虑为还不能自由行动的婴儿提供有保护性的空间。在装饰格调上，应采用柔和的颜色，质地舒适的纺织品、毛毯和柔软的家具，它们能够提供一种舒适的、令人安心的氛围。室内应配备灵活的照明系统和用于分隔房间的屏风，这样能够使儿童在别人游戏时有自己独处的休息空间。

如果精心设计环境，那么儿童将更能够专注于自己的游戏。如果把盥洗室和餐前准备区连成套间，则可以减少教师离开房间的次数。如果能在门上安装观察窗，使婴儿和教师都保持在彼此的视线范围内，也将会有所帮助。低矮舒适的成人椅子既能让教师坐得舒服，也有助于学步儿爬上成人的膝盖。另外，它们还可以为家长提供舒适的服务。

在对前面提到的托儿所的环境观察中我们了解到：儿童的家庭经验是通过怎样的方式带入托儿所的。首先，把儿童及其家人和重要他人的照片展示在他们的视野中。许多来自不同文化的纺织品、人工制品及资源都可以利用，尤其是儿童在家里所拥有的游戏材料和装备，例如非洲风格的扫帚或流行的电视玩具。在一家托儿所，父母或抚养人被请求将家里的床上用品带来，这样一来，不仅气味是熟悉的，小床也因为放有婴儿自己的橡皮奶嘴和全家福照片而私人化了，从而使婴儿获得良好的感觉。

支持社会技能和社会交往的环境特征

婴儿和学步儿喜欢和他人一起玩，但由于他们的语言和社会技能十分有限，加上情感表达又很强烈，因而冲突会时有发生。一个计划好的游戏环境能够推动并支持婴儿和学步儿的自我意识以及与他人交往能力的发展。创建较小的封闭区域，同时创设大片的公共空间，这种环境既可以支持儿童进行单独游戏，也可以支持儿童一同做集体游戏。这一点可以从记录所描述的婴儿室的观察中不难看出。在那里，一个婴儿在小球池里玩，而其他两个婴儿正在矮柜做成的洞里玩。婴儿、学步儿和年长些的儿童也喜欢在公共区域能够看见彼此，并且相互碰面。此外，儿童可以自由选择资源以推动合作游戏的开展，例如多边画架、多座卡车和带有两个平行滑梯的攀爬架等。

促进活动的环境特征

婴儿和学步儿是通过活动及操作来游戏与学习的，因此，他们需要比那些年长儿童更多的自由地面空间来游戏。如果环境是足够大、足够整洁的，将有助于促进尚未成熟的蹒跚学步的幼儿的灵活性的发展。把垫子用做活动区域，再加上周围空旷的空间，可以让儿童安全地移动和开辟通道。

从婴儿或学步儿的视线水平来看，如果环境是有趣且刺激的，将会激发他们游戏的愿望。一个富有层次变化的环境是可以让学步儿体验到在不同的高度看到不同的景色，正如杰米在观察中所做的。积木可被用做一个不断上升的游戏区域。

观察中的游戏环境不包括桌子和椅子。喜欢做大幅度挥臂动作和扔玩具的婴儿很快就会把桌上的材料都清除了，接着就无事可做。椅子会被看成攀爬工具或被推着满房间跑。学步儿似乎一坐到椅子上或一藏到桌子底下就改变了他们的游戏心理。或许这让他们感到受限制，这时自由活动的需要超过了他们对这一活动的兴趣。

家具和资源布局的稳定性与连续性有助于婴儿和学步儿对环境产生预期，从而推动他们的游戏。成人会很熟悉这样一种挫折感：

发现当地超市里的商品被调换了位置。可预见的环境能让儿童在脑海里形成所处环境的地图，据此做出选择并找到喜爱的物品，同时学步儿可以帮助教师进行整理。用来悬挂个人外套的木钉，用来存放个人尿布、鞋子和橡皮奶嘴的储藏柜都贴上照片和姓名标签，这些都可以培养儿童的独立性，逐步形成归属感。

促进探究、思考和想象的环境

一个支持深入探究、思考和想象的环境意味着：它所包含的可供儿童创造性使用的资源不仅是容易得到的，而且足够广泛和开放。活动区可以设置在沙水区旁边，利用一排蔬菜架或是将地上的花盆排成一排，与墙壁形成对角。这些都提供了随手可得的材料，也形成了一个角区。不同类型的材料，如大的鹅卵石、贝壳、细枝和软木塞可以贴上文字和符号标签，并存放在不同的角区。这些材料也可用于娃娃家。

可以为学步儿创建一个适宜的蕴涵创造性的手工工场。圆乎乎的蜡笔、涂胶机、胶带筒、打孔器、圆铅笔、圆头剪刀、纸袋、信封、不同尺寸和质地的纸张，这些都将为这一年龄的儿童成为熟练的工具使用者提供机会，同时也能使他们发现诸如颜料、水和胶水这些材料的具体用途。

善于思考和富于想象的学步儿喜欢玩假想游戏。然而，娃娃家的一些家具和资源所具有的潜在价值却十分有限。更多可变通的资源，例如：小床头柜可用做炊具、冰箱或洗衣机；一张又长又矮的茶几可用做餐桌、咖啡桌、商店柜台或是给婴儿换尿布用的桌子；矮小的电视柜可用做理发师或医生的器械储藏箱。家具的使用、材料的增添，应该反映出不同的文化，以及小组中儿童变化的兴趣和现实生活。

户外环境

理想的户外环境是可以直接通到集体活动室的，这样，儿童能够自由地在室内与室外之间活动。幼儿喜欢在自然中玩，在水坑里溅起水花，感觉和聆听风雨声，或者体验光和影的对比变化。一位家长曾提道：

> 赖安（23个月）最喜欢的一个游戏就是努力区分出我们追逐的影子中哪些是他投射的，哪些是我投射的。

感官的快乐和体验来自于触摸有趣的表面、拖拉器械或敲击它们，例如，用木勺敲栅栏的木桩。如果可以穿靴子和保暖的防水衣服，那么儿童就可以一整年都享受这些游戏体验。自然的游戏空间给了学步儿探究自然材料的机会，如沙、泥、水、草和灌木丛。此外，还可以是圆石头和原木，甚至是一些昆虫。

总结

很少有托儿所能够为婴儿和学步儿游戏提供理想的环境与条件，然而，笔者曾经看到过富有想象力的教师无须购买昂贵的设备，而是利用编织物和日常资源就能很好地改善现有的游戏环境和条件。这种创造性也体现在婴儿和学步儿游戏的质量和创造性上。对于0～3岁幼儿来说，最容易掌握、使用的是与他们的个人兴趣以及他们目前正在精练和发展的技能相协调的环境。在一个规划良好的环境里工作，教师会感觉得到了更多的支持与重视，进而完成更高标准的工作。了解什么才是优良的环境并列举出来，将有助于教师不断创建更好的游戏环境。

第八章 父母和教师共同支持0~3岁幼儿的游戏、成长和学习

我们不得不开车来到这里。如果早晨来的时候她醒着，她就会冲我们飞吻，她喜欢待在这里。你知道，作为父母，这是一种不可思议的感觉，当我丢下她要走的时候，如果她感到不安或者表现出不高兴，我就会充满内疚。但她从未这样过，她对这里抱有极大的热情，我觉得这就是最好的证明……自从把她送到这里，她的重要他人一直都没变……已经有一年多了。

[托儿所一位18个月大幼儿的家长，（关键期录像，2001）]

到目前为止，本书一直在探讨0~3岁幼儿的游戏、成长和学习。作者一直在强调游戏的重要性，并指出，如果儿童感到不安全时，就不能全身心地投入到游戏中。正如上面那位家长所说的那样，对于日托中心的幼儿来说，家长和教师之间关系的好坏会极大地影响他们的安全感，因此，本章主要探讨这一特殊话题，家长和教师一起分享0~3岁幼儿的游戏、成长和学习，主要包括以下方面：

- 为0~3岁幼儿提供游戏的社会情境；
- 家长和教师帮助婴儿/学步儿平静下来和游戏；
- 家长和教师分享幼儿的游戏；
- 教师自身支持和发展的需要。

与家长建立伙伴关系，教师需要尽可能清楚地了解家长把孩子交给自己时可能出现的问题。家长是否使用日托看护常受到许多因素的影响，例如，他们需要工作或者学习。成人在成为家长后，其角色发生了变化，他们尽可能地想要改善个人状况，以便更好地照顾幼儿。同样，成为家长后，并不会排斥对其他方面的关注，许多家长感到保持事业上或学术上的追求能够使他们对成长为一个好家长更加自信。家长一般会认为，在强调满足儿童需要的教育机构中，儿童的游戏和社会性经验将更加丰富。

为 0～3 岁幼儿提供适宜游戏的社会环境

国家的、政治的、经济的等一系列因素都会影响家长在儿童照料方面的决定。与其他欧洲国家相比，英国的社会政策认为，照料儿童和让他们游戏是每个家庭的私事（Moss in Pugh，1996），而且并不强调照料儿童的公共责任。只有当家庭解散或者需要额外的帮助时，才能从公共基金得到一定的经济支持以进入托儿机构。否则，0～3 岁幼儿的日托看护只能由私人机构完成，家长则购买他们所需要的照料。

这种政策建立在旧观念的基础上，即认为对儿童游戏和对他们进行照料的最合适的场所是家庭，幼儿应当和母亲待在一起，日托中心，尤其是以集体的形式，会阻碍儿童未来的发展。例如，卫生部在"二战"结束时的报告（221/54）中指出：

> 和平年代的政策不鼓励 2 岁以下幼儿的母亲出去工作，不鼓励为 2～5 岁幼儿开设保育学校或保育班；日托学校和日间看护是为了照顾特殊需要的家庭和幼儿。

(Ministry of Health，1945)

从中我们可以看出一种强制性的分割，这种分割表现在保育和教育之间、小婴儿和大一点的孩子之间、全日制和半日制之间、公共的和自由的供给者之间，这就是当今英国为幼儿提供的不同服务类型。

但仍然有人坚持认为，幼儿的保育和照料最好在家中由父母来完成。这一观点并没有导致社会政策的改变，诸如延长父母在家的时间，或者当他们不工作时适当地给予报酬，从而支持家长花时间待在家里，或者有时间和机会为孩子提供高质量的游戏经验。相反，由于种种原因，例如父母需要出去工作等，他们不得不找人来照料孩子。于是，教师需要和 0～3 岁的幼儿生活在一起，而其父母并不了解日托中心是否为孩子提供了最好的照顾。

20 世纪 90 年代欧洲和美国所做的研究强调，日托中心的质量是影响儿童发展的关键因素，这包括婴儿和学步儿游戏经验的质量（参见 Moss & Melhuish，1991；Howes et al.，1992）。最近，政策制定者和家长对儿童服务机构的增加与发展给予了广泛的支持，但是，这种新支持更像是为了促进经济发展的需要，而并没有真正认识到儿童、家长和社区的多元需要，以及高质量游戏经验对儿童的重要性。

政府通过采取多项政策，如国家保育计划（DfEE，1998）以及工作家庭的税款信用（Inland Revenue，2000）等来鼓励父母工作。达尔伯格等人（Dahlberg et al.）建议，这些政策体现了儿童作为"劳动力市场供给因素"的观点（1999），从而解放更多的人来参加工作。当前的政策说明，我们现在的早期教育机构或者是培养正常化儿童的社会干预工具，或者是为经济服务的员工福利的延伸。他们认为，早期教育机构不仅是一种服务的提供或者一项工作的延伸，还可以使"儿童和成人一起参加社会的、政治的和经济的活动"（1999），这隐含着把儿童的游戏当做核心的观点。作为公民社会中的一个组成部分，早期教育机构需要对所有家庭的儿童开放，不管他们的境况如何。因此，早教机构必须充分利用公共资源，借助托儿教育助学金完成部分 3 岁以上幼儿的教育供给。

在利用公共资源时，为了让儿童公平地得到供给，重点不应该再是"供给什么""供给多少"以及"这是给谁的"，而应该集中在儿童、家长和教师如何才能建构"一个让儿童度过童年的地方"（Dahlberg et al.，1999），所以，我们要清楚"能够为儿童游戏、成长和学习提供怎样的丰富机会"。

父母和教师共同支持婴儿与学步儿适应和游戏

对于一个新来的幼儿来说，不管日托中心的游戏环境多么丰富，分离感和失落感是他们进入日托机构后（在群体中或是与孩子的照料者在一起）必然要产生的。但是如果教师能够制订计划帮助幼儿，则可以把他们的悲伤降到最低。帮助幼儿与重要他人建立新的依恋关系，逐渐将幼儿与家长或照料者分离。这种关系建立以后，幼儿才能从游戏和学习中受益。这一过程需要教师的细心和耐心，这是教师工作中最重要的一部分，他们将幼儿适应的目标定为"在重要他人与幼儿和父母之间、在家庭和托儿所之间建立桥梁"（Manning-Morton & Thorp，2001）。教师要预先告知家长这一渐进的过程，从而让他们有足够的时间陪伴孩子，并了解孩子对自己的期望。这一时期能够为孩子与他所接触的人（迄今为止我们所有能考虑到的人）奠定建立未来关系的基础。

家访

家访可以让幼儿在安全的背景下建立亲近感。在家访时，教师需要带几个精心挑选的玩具，这有助于自己与幼儿熟悉起来，同时给幼儿提供愉快的游戏经历，此时，玩具会成为幼儿关注的焦点，而不是陌生人。托儿所的教师可以利用周五带着游戏袋去家访，同时把游戏袋中的一件玩具留在幼儿家中，并要求他们在进入托儿所的第一天，即下周一带回来。如果父母谢绝家访，可以邀请父母和幼儿去托儿所参观，并给他们做介绍，这需要的时间和精力应该与家访差不多。正如下面莲姆的妈妈所说的，父亲带孩子参观托儿所是一个很好的机会，能够发现幼儿是如何游戏的，以及他们目前的兴趣和图式是什么。

与新来的婴儿或学步儿游戏

就像在婴儿或学步儿家中对他们进行家访一样，重要他人通过与他们的游戏就能够了解婴儿或学步儿的整体状况及其文化。这里所指的文化不仅包括婴儿或学步儿的语言、家庭成分和种族，还包括他们喜欢的身体照料方式、与成人的互动游戏、心爱的玩具、书、歌曲、电视节目或录像等。

受人欢迎的氛围

在家长和幼儿来托儿所的第一天以及之后的每一天，重要他人都要使用适宜的称呼对他们进行问候，这将会让他们感受到受欢迎的氛围。同时，在一些物品，例如，衣帽钩、单人包等上面贴上幼儿的标签，同样可以让他们体会到受到关照以及获得归属感。此外，重要他人还要根据家访所获得的信息，为幼儿提供适宜的、有针对性的游戏经验。作者记录了某家长的评论：

> 当我们接受家访时，我对教师讲了莲姆喜欢的游戏，他经常在身后系根绳，并绕在某物品周围转，就像吸尘器或吹风机一样。当他第一天去托儿所时，里昂（重要他人）拿出系有长绳子的小玩具，还有花园里长长的水管给莲姆玩。我对教师给予的照料及对孩子兴趣的关注感到非常吃惊和感动。
>
> （Manning-Morton & Thorp，2001）

成为值得信任的成人

重要他人的主要目标是成为值得幼儿信任的成人，并为他们建立安全基地。为了达到这一目标，父母必须提供空间，允许教师和幼儿自然而然地形成这种关系。在游戏的过程中，这种信任关系能够逐步建立。但是，幼儿也需要一定的空间，重要他人需要通过注视或其他信息来表达对他们的关注。对于学步儿来说，重要他人如果能够在早期给予他们身体上的接触，那么他们将会感到更加舒适；对于小婴儿来说，如果教师能够模仿父母搂抱他们的方式，他们将会感到更加安全。小婴儿具有灵敏的嗅觉，当被重要他人喂养时，如果把父母的东西放在旁边，他们就会更容易安静下来（Manning-Morton & Thorp，2001）。

分离

当家长需要离开时，如果重要他人和幼儿在一起玩得很开心，那么分离就会更容易。与家长再见后，幼儿如果能够继续玩之前的游戏，他们就会产生积极的情感体验，从而平静下来。当幼儿悲伤时，抱着他们或待在他们附近，体会他们不愉快的情感，帮助他们用语言把这些情感表达出来，这比立刻试图转移他们的注意力更会让他们感到舒适。运用熟悉的事情，例如"我们做完游戏之后，我们吃过午饭之后"等告诉幼儿父母到来的时间，比对他们说父母一会儿就回来更有意义。

仔细观察

重要他人可以利用观察和记录，把幼儿每天游戏和健康的基本状况等信息反馈给家长。如果沟通渠道畅通，重要他人可据此对幼儿的生活进行日常调整，从而确保他们正常的生活。一旦幼儿变得难以平静，教师和父母都会感到惭愧和内疚。幼儿与亲密成人之间的紧张关系会加剧他们的不安全感，因此，父母和教师如果能把游戏的知识和经验运用到与婴儿或学步儿交往的过程中，则会增强他们的安全感。

支持家长

对于教师来说，能够设身处地地为家长考虑，同样也是非常重要的。在与孩子分离的早期阶段，家长或许会产生一些矛盾的情感：一方面，他们强烈地渴望孩子感到安全，喜欢和重要他人玩；另一方面，他们又害怕孩子与教师的关系会越来越密切。戈德凯米德指出，有教师曾做出如下的解释："分享爱不是分享苹果；儿童给予一个人的爱不会削弱他对其他人的爱（Goldschmied & Jackson，1994)。

如果能够事先花时间讨论一下幼儿入园的适应阶段，那么就能减少教师和家长在实践中由于不同的期望而产生的矛盾。幼儿的入园适应阶段对他们来说是非常重要的，将直接关系到他们的游戏和学习，如果父母和照料者能够意识到这一点，则有利于他们欣赏和支持教师与孩子建立的亲密关系。在与幼儿分别时，家长事先与其协商好分别的方式是非常重要的。如果家长不停地和幼儿再见，或者直接溜走，或者经常偷偷地回来看望他们，都会使幼儿的悲伤情绪恶化。事先让家长对此有所了解，则会避免很多麻烦。

当家长来接幼儿时，最好不要对他们说"他一整天都很高兴，一点都没有想你"，这将加重他们担心失去孩子的爱的恐惧心理。戈德凯米德和杰克逊（1994）指出，重要他人的更敏感、更适宜的做法应该是：

> 有时候莲姆会感到不安，他看上去有点儿失落，但当把你的照片和从家里带来的毯子给他后，他就会得到安慰，并很快地融入到游戏之中。

保持平衡

戈德凯米德和杰克逊指出，教师提出的建议要真实、诚恳，不承诺做不到的事。有时，重要他人或许想要获得家长的支持，从而表达出不切实际的说法，例如，对家长说"随便什么时候都可以来和我谈"（Goldschmied & Jackson，1994）。教师要有规律地和家长讨论孩子的游戏、发展和学习，这能够得到工作繁忙的家长的支持，同时，教师计划好每个时期特定的关注对象，能够避免忙碌工作中的不知所措。

以上这些基本的实践步骤能够减轻家长和孩子早期分离的痛苦，使家长更加了解孩子的重要他人，欣赏和重视他们为孩子所提供的游戏经验，观看他们与孩子一起的游戏，考虑他们的想法，并逐渐了解孩子游戏所需要的适宜的环境。

同事之间相互支持

当教师在安抚幼儿并与家长建立信任关系时，同事之间的支持就变得格外重要。工作人员之间要相互尊重和信任，分享彼此的观点、情感和看法，包括如何才能更好地支持幼儿和家长的需要。此外，重要他人也需要各级管理者的额外支持。提供时间让教师讨论他们的情感是有益的，因为教师不仅需要理解幼儿的感受，还需要理解家长的感受。

父母与教师分享幼儿的游戏、成长和学习

父母或照料者并不是单一的，因此，总结概括他们的特点是没有意义的。我们必须认识到照料者的文化的多样性（广义的多样性）。家长有各种不同的期望，尤其在关于幼儿游戏经验的类型、0～3岁幼儿适宜的独立程度等方面认识不一，因此，不能过分强

Key times for play

调教师"仔细反思自己对幼儿家庭的态度"（Stonehouse，1988）的重要性。教师往往对于百宝箱、启发式游戏、绘画、户外游戏等的价值非常清楚，但这对于新入园幼儿的家长来说却是陌生的，因此，这时教师就需要向他们解释这些概念。在与家长交往的过程中，教师不能假设他们了解什么是高质量的早期游戏经验，但也不能肯定他们并不了解。如果家长支持托幼机构的游戏，那么他们或许会根据自己的家庭情况，从家里带一些东西送给幼儿园，从而使婴儿或学步儿直接受益。

表 8.1　家长拥有不同的信念

什么是/不是重要的	
什么行为能/不能够被接受	
世界观	
如何表达和沟通	
衣着	
饮食	
宗教信仰	
人际关系	

表 8.2　关于婴儿和学步儿

以下是教师与家长都关注的，但也可能存在分歧。

对教育和游戏重要性的态度	
环境的局限	
身体的操作	
性别角色	
适宜的衣着	
食物和喂养	
睡眠时间	
户外游戏	
自由游戏	
儿童的独立	
烦琐的训练	

关于儿童游戏观点的分享方式

卡西·阿诺德（Cath Arnold，1997）介绍了儿童与家长进行游戏和学习的不同方式，鼓励家长分享自己孩子的游戏和学习的信息。艾希通过观察发现，没有比"描述孩子的行为"更能引起家长兴趣的了（1990）。阿诺德的建议如下：

● 给熟悉的幼儿拍照，询问家长对孩子正在做的事情的看法。

● 向你正在帮助的幼儿的家长请教，征求他们的建议，真诚地与他们相处。由于你认为家长有关孩子的知识更丰富，他们会因此更欣赏你。

● 准备展示的照片，并向家长请教选择哪些照片。

● 制订一个小型计划，关注一个重要的问题。要求家长每周都来与你见面，收集资料，例如，深入参与或者一个特定的图式。

（Arnold in Whalley，1997）

家长的游戏和学习

0～3岁幼儿的早教机构会组织家长之夜活动，利用婴儿和学步儿的房间做游戏，教师分别负责不同的区域。当家长到达后，会受到教师的邀请，尽管起初一些人或许会感到拘束，但教师会尽量利用这些资料与他们沟通，从而使他们放松。教师要向家长展示每个区域的情况，介绍他们选择某种方式组织游戏的原因，解释幼儿从游戏中能够学到什么。同时，还展示了幼儿在这些区域活动的照片，并进行介绍。家长能够从中获得乐趣，了解到很多关于孩子的知识和他们行为的原因，同时也能帮助他们尊重教师渊博的知识、计划和技能。如果能够把父母在活动中制作的模型、绘画作品和拍摄的照片逐一进行分类，并在第二天向幼儿进行展示，将会给家长和幼儿带来更大的乐趣，从而有效地促进家园沟通和交流。

在家中的游戏

家长参与孩子游戏和学习的方式一般包括：与孩子一起阅读故事、运用自己的特殊技能、外出郊游等。最重要的一点是，家长要认识到家庭游戏的重要价值。一些家长可能喜欢把孩子的特殊事件、图式、孩子拥有的能力和兴趣等做成磁带、录像或照片加以记录，并且与教师分享。

与其让重要他人和家长轮流照顾幼儿而互不影响，不如让他们分享照料的过程，从而为幼儿提供连续的照料经验。

0～3 岁幼儿教师工作的重要性

纵览全书，我们一直在强调儿童在 0～3 岁时期的重要性，以及环境质量对他们游戏、成长和学习的影响。我们也强调了教师在幼儿生活中所发挥的关键性作用。教师的照料对幼儿个性的形成所产生的影响比任何大学教师对学生的影响都要大。因此，我们在每一章中都探讨了成人在幼儿游戏中所发挥的作用，我们相信，教师是影响幼儿教育环境质量多样性的主要因素。

婴儿和学步儿的特征以及他们渴望的照料决定了教师所应具备的特别技能和自身特性。他们需要对 0～3 岁的幼儿敏感、尊敬和了解他们（Stonehouse，1988）。在研究 0～3 岁幼儿教师工作的过程中我们逐渐发现，他们还需要对工作有激情和动力，能够思考自己的实践活动，对优秀教育实践有情感的信念和认知能力，意识到个人动机、价值观和信仰对实践的影响。同时，他们还需要有关于游戏与发展理论的广博的知识，能够帮助他们与幼儿有效地游戏和与家长建立积极关系的内在的和人际交往的技能。

以上是教师应具备的知识和技能的重要方面，他们应该在一定的专业背景下为幼儿提供适宜的情感照料和游戏经验。幼儿教师的工作是辛苦的、有需求的、复杂的，需要高水平的技能、渊博的知识和广泛的能力。此外，教师还要具备高度的责任感，要以成熟的方式去了解自己和他人，还要有思考行为和情感的能力。古尔曼（Goleman，1996）将此概括为情商。

专业价值

尽管教师的作用很重要，但是英国政府的有关部门对于0～3岁幼儿日常照料的投资很不稳定，导致教师很难在实践活动中获得自信和自豪感，更难得到专业化的发展。除了资金之外，幼儿教师的培训和工作条件都是最差的，尤其是0～3岁幼儿的私立教育机构，其服务是最差的（Moss in Pugh，1996）。一个关于英国私立幼儿教育机构的报道指出，2岁及2岁以下幼儿的照料质量与资金、员工的工作条件、员工的支持与培训直接相关（Penn，1994）。

对于教师而言，无法得到外界的承认给他们的专业发展和实践带来了负面的影响。幼儿的健康与成人的健康之间存在着密切联系，体现在托幼机构的游戏和互动的质量上。尊重、重视和支持教师的实践活动，有利于他们为幼儿提供好的游戏。因此，继续的专业支持能够帮助教师认识到自己的重要角色，另外，充足的资金和条件、有效的培训和资格认证等是发展高质量婴儿服务的基础。

在集体机构中照顾孩子是一种专业，但这种专业不是工具性的（思维、理性和逻辑），不能忽视工作过程中的教养和情感（感觉和情感）。过分强调认知、教育、学习会使人们往往认为保育是不专业的，从而导致成人对幼儿情感健康的关注的不足，或者用过于正式的、教训的方式对待幼儿的游戏。如果教师能够详细地描述幼儿照料和游戏经验中的细节，解释这些经验为什么对幼儿的学习非常重要，那么这样的教师才是真正意义上的教育者。

支持、发展和变化

在广泛而平衡的课程实施过程中，教师需要有足够的时间和空间：

- 讨论每个幼儿的发展和兴趣；
- 考虑游戏的机会、常规和环境的细节；
- 与家长分享信息。

教师需要观察、计划和评价幼儿的游戏经验，并形成良性循环。教师也需要时间和空间"思考实践中内在的情感与个人经验的关系"（Manning-Morton，2000b）。

这应该是一个对话的过程，并形成一种反思性实践活动的循环。重要他人在提供照料和与幼儿形成亲密关系时，需要得到足够的外部支持来包容教师。如图 8.1 所示，这是一个情商实践的循环图。在这一循环中，你不能只强调幼儿的需求，而不重视成人的身体、情感和学习的需要。0～3 岁的幼儿需要发展与重要他人之间的关系。教师需要有高水平的个人内在技能和人际交往技能，同时，还需要有效的组织支持系统。通过这种方式，教师才能与幼儿进行有效的配合。

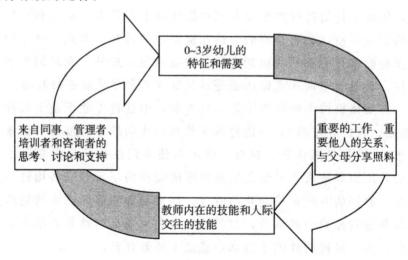

图 8.1　情商实践的循环图

以下是教师需要的不同的支持系统：

* 领导定期召开评定、支持、监督的会议。
* 再次确认，我理解的对吗？
* 上级听到自己的意见。
* 有时间与我的同事一起反思和评价我们的工作。
* 有时间和空间与同事和家长分享知识和技能。
* 培训和个人的发展。

［伦敦卡姆登区 3 岁以下幼儿养育小组（Manning-Morton，2000b）］

支持教师的反思性实践、扩展他们知识和技能的培训方案，让教师对工作感到自信，从而改变外部对 0～3 岁幼儿教师的角色和地位的看法。

提供 0～3 岁幼儿高质量的游戏还受到动态指标的影响，例如，日常游戏中的互动和结构方面的因素，如师幼比和教师培训（Williams，1995）。以个人或者小组的方式，教师和提供者在影响着幼儿游戏质量的动态方面。通过提升教师的专业知识与技能水平，能在现有水平上提升组织质量。但是如果希望在更广泛的层面上得到改变，则需要说服那些没有专业知识的人重视幼儿的游戏，把促进幼儿的健康发展作为我们全社会的责任。

参考文献

Abbott, L. and Moylett, H. (1997) *Working with the Under-3's: Responding to Children's Needs*. Buckingham: Open University Press.

Acredolo, L. and Goodwyn, S. (1985) Symbolic gesturing in language development: A case study. *Human Development*, 28: 40—49.

Acredolo, L. and Goodwyn, S. (2000) *Baby Signs. How to Talk with Your Baby Before Your Baby Can Talk*. London: Vermilion, Ebury Press.

Ainsworth, M., Blehar, M., Waters, E. and Wall, S. (1978) *Patterns of Attachment: Assessed in the Strange Situation and at Home*. Hillside, NJ: Erlbaum.

Athey, C. (1990) *Extending Thought in Young Children*. London: Paul Chapman.

Axline, V. (1964) *Dibs: In Search of Self*. Middlesex: Penguin.

Bain, A. and Barnett, L. (1980) *The Design of a Day Care System in a Nursery Setting for Children Under Five*. London: Tavistock Institute for Human Relations.

Barbara Hepworth Museum (1977) *Some Statements by Barbara Hepworth*. St Ives, Cornwall: Trewyn Studio and Garden.

Barnard, C. and Meldis, S. (2000) *Playsense for Play for Babies and Toddlers: AResource Pack*. London: Play Matters National Association of Toy and Leisure Libraries.

Bates, E., O'Connell, B. and Shore, C. (1987) Languages and communication in infancy, in J. D. Osalsky (ed.) *Handbook of Infant Development*,

2nd edn. New York: Wiley.

Bee, H. (2000) *The Developing Child*, 9th edn. Boston, MA: Allyn and Bacon.

Belsky, J. (1988) The effects of infant daycare reconsidered. *Early Childhood Research Quarterly*, 3: 235—282.

Blakemore, C. (1998) *The Mind Machine*. London: BBC Books.

Bohannon, J. N. III, and Warren-Leubecker, A. (1988) Recent developments in child directed speech, we've come a long way, baby-talk. *Language Sciences*, 10: 89—110.

Bowlby, J. (1965) *Child Care and the Growth of Love*. London: Penguin.

Bowlby, J. (1969) *Attachment and Loss*, Vol. 1: *Attachment*. London: Hogarth.

Bowlby, J. (1973) *Attachment and Loss*, Vol. 2: *Separation*. Harmondsworth, Middlesex: Penguin.

Bowlby, J. (1979) *The Making and Breaking of Affectional Bonds*. London: Tavistock/Routledge.

Bowlby, J. (1988) *A Secure Base: Clinical Applications of Attachment Theory*. London: Routledge.

Brown, B. (2001) *Combatting Discrimination: Persona Dolls in Action*. London: Trentham Books.

Bruce, T. (1991) *Time to Play in Early Childhood Education*. London: Hodder and Stoughton.

Bruce, T. (1997) *Early Childhood Education*. London: Hodder and Stoughton.

Bruce, T. and Meggitt, C. (1996) *Childcare and Education*. London: Hodder and Stoughton.

Bruner, J. S. (1966) *Toward a Theory of Instruction*. Cambridge, MA: Harvard University Press.

Bruner, J. S. (1977) Early social interaction and language ascquisition, in H. R. Schaffer (ed.) *Studies of Mother-Infant Interaction*. London: Ac-

参考文献

ademic Press.

Bruner, J. and Sherwood, V. (1975) Peekaboo and the learning of rule structures, in J. Bruner, A. Jolly, and K. Sylva (eds) (1976) *Play and Its Role in Development and Evolution*. Harmondworth, Middlesex: Penguin.

Carle, E. (1984) *Brown Bear, Brown Bear, What Do You See?* London: Penguin.

Carter, R. (1999) *Mapping the Mind*. London: Seven Dials.

Creasey, G. L. , Jarvis, RA. and Berk, L. E. (1998) Play and social competence, in O. N. Saracho and B. Spodek (eds) (1998) *Multiple Perspectives on Play in Early Childhood Education*. Albany, NY: SUNY Press.

Dahlberg, G. , Moss, P. and Pence, A. (1999) *Beyond Quality in Early Childhood Education and Care*. London: Falmer Press.

Davies, M. (1995/2000) *Helping Children to Learn through a Movement Perspective*. London: Hodder and Stoughton.

Department for Education and Employment (DfEE) (1998) *Meeting the Childcare Challenge, A Framework and Consultation Document*. London: HMSO.

Derman-Sparks, L. (1989) *Anti-Bias Curriculum*. Washington DC: National Association for the Education of Young Children.

Drummond, M-J. , Lally, M. and Pugh, G. (eds) (1989) *Working with Children. Developing a Curriculum in the Early Years*. London: National Children's Bureau/Nottingham group.

Duffy, B. (1998) *Supporting Creativity and Imagination in the Early Years*. Buckingham: Open University Press.

Dunn, J. (1988) *The Beginnings of Social Understanding*. Oxford: Blackwell.

Dunn, J. and Kendrick, C. (1982) *Siblings: Love, Envy and Understanding*. Cambridge, MA: Harvard University Press.

Elfer, P. (1996) Building intimacy in relationships with young children in nurseries. *Early Years*, 16 (2): 30—34.

Elfer, P. , Goldschmied, E. and Selleck, D. (2002) *Key Person Relation-ships in Nursery*. London: National Early Years Network.

Eliot, L. (1999) *Early Intelligence. How the Brain and Mind Develop in the First Five Years of Life*. London: Penguin.

Fernald, A. , Taeschner, T. , Dunn, J. , Papousek, M. , Boyssen-Bardies, B. and Fukui, I. (1989) A cross language study of prosodic modification in mother's and father's speech to pre-verbal infants. *Journal of Child Lan-guage*, 16: 477—502.

Free Kindergarten Association (FKA) (1991) *Bi-lingual Staff Work*! Multi-cultural Resource Centre Australia (video) .

Gambetti, A. (2000) Lecture, Reggio Emilia Preschools and Infant-Toddler Centres. UK Study Week, October.

Garvey, C. (1990) *Play*, 2nd edn. Cambridge, MA: Harvard University Press.

Gibson, E. J. and Walk, R. D. (1960) The visual cliff. *Scientific American*, 202: 64—71.

Goddard, S. (2002) *Reflexes, Learning and Behaviour*. Eugene, OR: Fern Ridge Press.

Goldschmied, E. and Jackson, S. (1994) *People Under Three, Young Chil-dren in Day Care*. London: Routledge.

Goldschmied, E. and Selleck, D. (1996) *Communication between Babies in Their First Year* (video) . London: National Children's Bureau.

Goleman, D. (1996) *Emotional Intelligence: Why It Can Matter More Than IQ*. London: Bloomsbury Publishing.

Göncü, A. (1993) Development of intersubjectivity in social pretend play, in M. Woodhead, D. Faulkner and K. Littleton (eds) (1998) *Cultural Worlds of Early Childhood*. London: Routledge.

Goossens, F. and Van Ijzendoorn, M. (1990) Quality of infants' attachments to professional caregivers. *Child Development*, 61: 832—837.

Gopnik, A. , Meltzoff, A. and Kuhl, P. (1999) *How Babies Think*. Lon-don: Weidenfield and Nicolson.

参
考
文
献

151

Goswami, U. (1998) *Cognition in Children*. Hove, Sussex: Psychology Press.

Greenman, J. and Stonehouse, A. (1996) *Prime Times. A Handbook for Excellence in Infant Toddler Programs*. St. Paul, MN: Redleaf Press.

Gussin-Paley, V. (2001) *In Mrs. Tulley's Room. A Childcare Portrait*. Cambridge, MA: Harvard University Press.

Halliday, M. (1975) *Learning How to Mean*. London: Arnold.

Holmes, J. (1993) *John Bowlby and Attachment Theory*. London: Routledge.

Hopkins, J. (1988) Facilitating the development of intimacy between nurses and infants in day nurseries. *Early Child Development and Care*, 33: 99—111.

Howes, C., Phillips, D. A. and Whitebook, M. (1992) Thresholds of quality: implications for the social development of children in centre-based childcare. *Child Development*, 63: 449—460.

Hutt, J. F., Tyler, S., Hutt, C. and Christopherson, H. (1989) *Play, Exploration and Learning: A Natural History of Pre-School*. London: Routledge.

Inland Revenue (2000) *Working Families Tax Credit, Marketing and Communications*. London: HMSO.

Isaacs, S. (1929) *The Nursery Years*. London: Routledge.

Karmiloff-Smith, A. (1994) *Baby It's You*. London: Ebury Press.

Karmiloff-Smith, A. (1995) The extraordinary journey from foetus through infancy. *Journal of Child Psychology and Psychiatry*, 36: 1293—1315.

Katz, L. (1988) What should young children be doing? *American Educator*. Summer: 28—33, 44—45.

Klein, M. (1932) *The Psychoanalysis of Children*. London: Hogarth.

Kraemer, S. (2000) Promoting Resilience in Children: The mistakes we must not make at a turning point in history. *International Journal of Child and Family Welfare*. Vol. 4, part 3, pp. 273—278.

Laakso, M-L. (1999) Early intentional communication as a predictor of language development in young toddlers. *First Language*, 19 (2): 2070—2231.

Laevers, F. (ed.) (1994) *The Leuven Involvement Scale for Young Chil-*

dren. Leuven, Belgium: Centre for Experiential Education.

Laevers, F., Vandenbussche, E., Kog, M. and Depondt, L. (1997) *A Process Oriented Child Monitoring System for Young Children*. Leuven, Belgium: Centre for Experiential Education.

Lally, J. R., Torres, Y. L. and Phelps, P. C. (1997) Caring for infants and toddlers in groups: Necessary considerations for emotional, social and cognitive development. *Zero to Three*, 14 (5): 1—8. www. zerotothree. org.

Lieberman, A. (1993) *The Emotional Life of the Toddler*. New York: Free Press.

McMahon, L. (1994) Therapeutic play for young children. Helping children manage their feelings and behaviour. *Early Years*, 14 (2): 30—33.

Mandler, J. M. (1992) How to build a baby Ⅱ: Conceptual primitives. *Psychological Review*, 99: 587—604.

Mandler, J. M. (1996) Pre-verbal Representation and Language, in P. Bloom, M. Peterson, L. Nadel and M. Garrett (eds) *Language and Space*. London: Bradford Books.

Manning-Morton, J. (2000a) Transition: A Parent and Child Settling into Day Care. Case Study Presentation at Pen Green Conference, Pen Green Training, Development and Research Base, Corby, Northants, March.

Manning-Morton, J. (2000b) 'Working with children under three. Intimacy, trust and well-being in the nursery.' Unpublished MA dissertation. University of North London.

Manning-Morton, J. and Thorp, M. (2000) *Working with Children from Birth to Three, A Distance Learner's Handbook*. London University of North London.

Manning-Morton, J. and Thorp, M. (2001) *Key Times: A Framework for Developing High Quality Provision for Children under Three Years*. London: Camden EYDCP/University of North London.

Marshall, T. (1982) Infant care: A day nursery under the microscope. *Social Work Service*, 32: 15—32.

Matthews, J. (1994) *Helping Children to Draw and Paint in Early Childhood*. London: Hodder and Stoughton.

Matthews, J. (1999) How adult companions give children a 'Sure Start' for their early learning. *Early Childhood Practice*. 1 (1): 73—80.

Maude, P. (2001) *Physical Children, Active Teaching: Investigating Physical Literacy*. Buckingham: Open University Press.

Meade, A. (1995) Presentation to the Early Childhood Convention. New Zealand, September 1995.

Meek, M. (1985) Play and paradoxes: Some considerations for imagination and language, in G. Wells and J. Nicholls (eds) *Language and Learning: An International Perspective*. London: Falmer Press.

Meltzoff, A. N. and Moore, M. K. (1983) Newborn infants' imitation of adult facial gestures. *Child Development*, 54: 702—709.

Mental Health Foundation (1999) *Bright Futures. Promoting Children and Young People's Mental Health*. London: The Mental Health Foundation.

Miller, L., Rustin, M. and Shuttleworth, J. (eds) (1989) *Closely Observed Infants*. London: Duckworth.

Ministry of Health (1945) *Circular221/54*. London: HMSO.

Moss, P. and Melhuish, E. (eds) (1991) *Current Issues in Day Care forYoung Children*. London: HMSO.

Moyles, J. (1989) *Just Playing? The Role and Status of Play in Early-Childhood Education*. Buckingham: Open University Press.

Parten, M. (1932) Social participation among pre-school children. *Journal of Abnormal and Social Psychology*, 27: 243—269.

Penn, H. (1994) *Private Nurseries in the UK*, a Report for BBC News andCurrent Affairs, Panorama. Institute of Education, University ofLondon. National Children's Bureau.

Perris, E. E., Myers, N. A. and Clifton, R. K. (1990) Long term memory for a single infancy experience. *Child Development*, 61: 1796—1807.

Piaget, J. (1926) *The Language of Thought and the Child*. New York: Harcourt, Brace and World.

Piaget, J. (1952) *The Origin of Intelligence in the Child*. London: Routledge and Kegan Paul.

Piaget, J. (1962) *Play, Dreams and Imitation in Childhood*. London: Routledge and Kegan Paul.

Piaget, J. and Inhelder, B. (1969) *The Psychology of the Child*. London: Routledge and Kegan Paul.

Pugh, G. (ed.) (1996) *Contemporary Issues In The Early Years: Working Collaboratively For Children*. London: National Children's Bureau/ Paul Chapman.

Purkey, W. (1970) *Self-concept and School Achievement*. London: Paul Chapman.

Qualifications and Curriculum Authority/Department of Education and Employment (QCA/DfEE) (2000) *Curriculum Guidance for the Foundation Stage*. London: HMSO.

Rader, N., Bausano, M. and Richards, J. E. (1980) On the nature of the visual cliff avoidance response in human infants. *Child Development*, 51: 61—66.

Raikes, H. (1993) Relationship duration in infant care: Time with a high-ability teacher and infant-teacher attachment. *Early Childhood Research Quarterly*, 8: 309—325.

Robertson, J. and Robertson, J. (1953) *A Two Year Old Goes to Hospital* (film). London: Tavistock Child Development Research Unit.

Rosen, M. and Oxenbury, H. (1989) *We're Going on a Bear Hunt*. London: Walker Books.

Rowlett, W. (2000) 'To what degree does mobility enrich the personal, social and emotional development, within the outside play curriculum for children under three?' BA (Hons) Degree Project. University of North London.

Rubin, J. Z., Provenzano, F. J. and Luria, Z. (1974) The eye of the beholder: Parents' views on the sex of newborns. *American Journal of Orthopsychiatry*, 44: 512—519.

参
考
文
献

155

Rutter, M. (1995) Clinical implications of attachment concepts: Retrospect and prospect. *Journal of Child Psychology and Psychiatry*, 36 (4): 549—571.

Saracho, O. N. and Spodek, B. (eds) (1998) *Multiple Perspectives on Play in Early Childhood Education*. Albany, NY: SUNY Press.

Schaffer, H. R. and Emerson, P. E. (1964) The developments of social attachments in infancy. *Monographs of the Society for Research in Child Development*, 29.

Schore, A. N. (2001) Effects of a secure attachment relationship on right brain development, affect regulation and infant mental health. *Infant Mental Health Journal*. Vol. 22, Issue 1—2, 7—66.

Selleck, D. (1997) Baby art: Art is me, in P. Gura (ed.) *Reflections on Early Education and Care*. London: British Association for Early Childhood Education.

Sharp, P. (2001) *Nurturing Emotional Literacy*. London: Fulton.

Shuttleworth, J. (1989) Psychoanalytic theory and infant development, in L. Miller, M. Rustin and J. Shuttleworth (eds) *Closely Observed Infants*. London: Duckworth.

Siegal, D. J. (1999) *The Developing Mind*. New York: Guilford Press.

Siraj-Blatchford, I. (1994) *The Early Years: Laying the Foundations for Racial Equality*. London: Trentham Books.

Siraj-Blatchford, I. and Clarke, P. (2000) *Supporting Identity, Diversity and Language in the Early Years*. Buckingham: Open University Press.

Slade, A. (1987) A longitudinal study of maternal involvement and symbolic play during the toddler period. *Child Development*, 58: 367—375.

Smith, B. A. and Lloyd, J. (1978) Maternal behaviour and perceived sex of infant revisited. *Child Development*, 46: 1263—1265.

Smith, P. K., Cowie, H. and Blades, M. (1998) *Understanding Children's Development*, 3rd edn. Oxford: Blackwell

Smolucha, F. (1991) Mother's verbal scaffolding of pretend play, in R. M. Diaz and L. E. Berk (eds) *Private Speech: From Social Interaction to*

Self-Regulation. Hillside, NJ: Erlbaum.

Stern, D. (1990) *Diary of a Baby*. London: Fontana.

Stonehouse, A. (ed.) (1988) *Trusting Toddlers: Programming for 1—3 year olds in Childcare Centres*. Melbourne: Australian Early Childhood Association.

Sure Start (2002) *Birth to Three Matters: A framework to support children in their earliest years*. London: DfES.

Talay-Ongen, A. (1998) *Typical and Atypical Development in Early Childhood. The Fundamentals*. England: BPS Books.

Thomas, A. and Chess, S. (1980) *The Dynamics of Psychological Development*. New York: Bruner/Mozel.

Trevarthan, C. (1979) Communication and co-operation in early infancy: A description of intersubjectivity, in: M. Bullowa (ed.) *Before Speech: The Beginning of Interpersonal Communication*. Cambridge: Cambridge University Press.

Trevarthan, C. (1993) The function of emotions in early infant communication and development, in J. Nadel and L. Carmaioni (eds) *New Perspectives in Early Communicative Development*. London: Routledge.

Trevarthan, C. (1995) The child's need to learn a culture, in M. Woodhead, D. Faulkner and K. Littleton (eds)(1998) *Cultural Worlds of Early Childhood*. London: Routledge.

Trevarthan, C. and Malloch, S. (2002) Musicality and music before three. *Zero to Three*, September.

Vygotsky, L. S. (1966) Play and its role in the mental development of the child, in J. Bruner, A. Jolly and K. Sylva (eds)(1976) *Play and its Role in Development and Evolution*. Harmondsworth, Middlesex: Penguin.

Vygotsky, L. S. (1978) *Mind in Society*. Cambridge, MA: Harvard University Press.

Vygotsky, L. S. (1986) *Thought and Language*. Cambridge, MA: MIT Press.

参考文献

Weir, R. (1962) *Language in the Crib*. The Hague: Mouton.

Whalley. M. (ed.) (1997) *Working with Parents*. London: Hodder and Stoughton.

Whitaker, P. (2000) *Management in the Early Years: Challenges and Responsibilities. A Distance Learner's Handbook*. London: University of North London.

Whitehead, M. (1996) *The Development of Language and Literacy*. London: Hodder and Stoughton.

Whyte, J. (1983) *Beyond the Wendy House: Sex-Role Stereotyping in Primary Schools*. York: Longman.

Williams, P. (1995) *Making Sense of Quality: A Review of Approaches to Quality in Early Childhood Services*. London: National Children's Bureau.

Winnicott, D. W. (1957) *The Child, the Family and the Outside World*. London: Penguin.

Winnicott, D. W. (1971) *Playing and Reality*. London: Routledge.

Wood, D. (1988) *How Children Think and Learn*. Oxford: Blackwell.

Wood, D., Bruner, J. and Ross, G. (1976) The role of tutoring in problem-solving. *Journal of Child Psychiatry and Psychology*, 17: 89—100.

Woodhead, M., Faulkner, D. and Littleton, K. (eds) (1988) *Cultural Worlds of Early Childhood*. London: Routledge.

Young-Bruehl, E. (1988) *Anna Freud*. London: Macmillan.